QUEM É VOCÊ NO ESPELHO?

Copyright© 2019 by Literare Books International
Todos os direitos desta edição são reservados à Literare Books International.

Presidente:
Mauricio Sita

Vice-presidente:
Alessandra Ksenhuck

Capa, diagramação e projeto gráfico:
Gabriel Uchima

Revisão:
Rodrigo Rainho e Samuri José Prezi

Diretora de projetos:
Gleide Santos

Diretora executiva:
Julyana Rosa

Relacionamento com o cliente:
Claudia Pires

Impressão:
Impressul

Dados Internacionais de Catalogação na Publicação (CIP)
(eDOC BRASIL, Belo Horizonte/MG)

V658q   Vieira, Elias Lopes.
        Quem é você no espelho? / Elias Lopes Vieira. – São Paulo, SP: Literare Books International, 2019.
        16 x 23 cm

        ISBN 978-85-9455-191-7

        1. Autoconhecimento. 2. Conduta. 3. Motivação (Psicologia). I.Título.

                                                              CDD B869.3

Elaborado por Maurício Amormino Júnior – CRB6/2422

Literare Books International
Rua Antônio Augusto Covello, 472 – Vila Mariana – São Paulo, SP.
CEP 01550-060
Fone/fax: (0**11) 2659-0968
site: www.literarebooks.com.br
e-mail: literare@literarebooks.com.br

AGRADECIMENTOS

DEUS, que me tirou por detrás das malhadas, ressuscitou-me do sepulcro em minha alma, sou livre para levar o bálsamo aos feridos de coração;

Mãe, Elenita Lopes Vieira (*in memoriam*), pelo legado de amor incondicional, um dia nos encontraremos;

Esposa, Aline Fernanda, como é bom e agradável quando nasce no coração o desejo de amar e cuidar de alguém. Amo muito!!!

Filho, Miguel Elias, amado anjo azul autista, promessa e presente de DEUS, cada superação nos torna melhores e mais próximos do Pai;

Pai, Silvio Vieira, caráter, trabalho, amor e referência, e Cícera Paixão, companheira e provisão;

Irmão e cunhada, pastor Claudio e Rosangela, amigos, aliança e parceiros, grato pela correção teológica do livro;

Sogros e cunhado, Carlos, Bete e Marcus Paulo, prazer e honra em fazermos parte da mesma família;

Meus parentes das famílias: Lopes, Vieira, Rocha, Pereira e Paixão;

Igreja Apostólica Fonte da Vida, onde aprendi o caminho da Adoração, Quebrantamento e Crescimento Emocional; às nossas autoridades, precursores e mentores Apóstolo César Augusto e Bispa Rúbia de Souza, Goiânia/GO, aos meus queridos Pastores Roberto, Andreia e Irene, Ilha Solteira/SP, Bispos Ovídio e Soraia, Ribeirão Preto/SP, o prefácio de vocês nos trouxe às lágrimas, Bispos Ferdinando e Rosemeire, Araçatuba/SP, Bispa Maria Inez, Líder Nacional do DAE – Departamento

Nacional de Aconselhamento Especial, Goiânia/GO, e aos pastores amigos Fábio e Tatiane, Indaiatuba/SP.

Igrejas Batistas da Associação Grandes Lagos do Noroeste Paulista, em especial à PIB – Primeira Igreja Batista de Ilha Solteira/SP, onde nasci e cresci nos caminhos do Evangelho de Cristo Jesus;

Amigos Edival Jacintho, Instituto SABER de Brasília/DF e à psicóloga Sonia Maria Sales, Araguari/MG, pelos ensinamentos e apoio nos primeiros passos na Psicologia;

Apóstolo Daniel Queiroz, São Paulo/SP, amigo mais chegado que irmão, canal de bênçãos que me apresentou à editora; Apóstolo Agostinho Soler, Campinas/SP, e pastor Washington de Campos, Americana/SP, que deixaram marcos e marcas significativas em minha caminhada e processo de crescimento.

Editora Literare Books, São Paulo/SP, Presidente Mauricio Sita e toda a equipe de excelência e profissionalismo;

Psicóloga Rosana Moraes, Ilha Solteira/SP, minha terapeuta *"the best"*; à palestrante e escritora Esther Maris, Curitiba/PR, primeira a ler e avaliar meu livro, incentivadora e apoiadora;

Conferencistas para Casais e Família André Nunes e Clarissa, Pompeia/SP – UDF – Universidade da Família e IDF – Instituto de Desenvolvimento Familiar, confiança, respeito e referências;

Psicóloga Doutora, Neide Aparecida Nicelli Domingos, São José do Rio Preto/SP, Presidente da ATC – Associação de Terapias Cognitivas do Estado de São Paulo, maestria e referência profissional, humildade e presteza, minha supervisora;

Profissionais com que já trabalhei e militei pela causa dos excluídos e em sofrimento psíquico, nas áreas da educação, assistência social, saúde e outros;

Àqueles que pude contribuir no exercício profissional e ministerial, dentre esses, destaco as pessoas em situação de rua, cada atendimento, olhar e histórico faz-me sentir mais resiliente no meu Caminho.

PREFÁCIO

Foi com grande alegria e honra que recebemos o convite para prefaciar esta obra, do psicólogo e irmão em Cristo, Dr. Elias Lopes Vieira.

O parágrafo seguinte resume o objetivo e maravilhoso conteúdo deste livro: **é necessário olhar para o espelho e buscar a necessidade de adequação a si mesmo. Desvencilhar-se das exigências externas, olhar dentro dos próprios olhos e enxergar quem Eu Sou no Espelho.**

Cremos que todos temos a responsabilidade de nos olhar no espelho e este livro nos motiva de uma maneira simples e amorosa a fazê-lo.

Nós conhecemos o autor ainda muito jovem, quando começamos a visitar e a pregar na Igreja Fonte da Vida de Ilha Solteira. Uma pequena e linda cidade do Estado de São Paulo, localizada no extremo oeste, na divisa com Mato Grosso do Sul. Sempre admiramos essa cidade e seus moradores, mesmo sendo um lugar distante em relação à capital e outros centros maiores, é muito peculiar e cheia de vida. Possui uma população arrojada e ambiciosa em suas conquistas. Nas nossas idas à Ilha, conhecemos muitos jovens, que hoje se destacam em tantas áreas, e dentre estes estava o jovem Elias, sempre muito interessado, primeiramente em música e louvor; posteriormente atuando ativamente na área do "Crescimento Emocional", entendendo assim que era este o seu talento maior.

Os anos se passaram, sempre mantivemos contato, às vezes mais esporádicos, mas vimos o foco desse jovem se manter vivo. O seu interesse e sua busca pelo crescimento na Fé, na Palavra, e também na Psicologia, fizeram com que pudesse, com a graça de Deus, ser um eficaz instrumento de sabedoria e inteligência para abençoar pessoas.

Um dos grandes privilégios de sermos pastores, e já há um bom tempo, é poder contemplar a obra de transformação que acontece na vida das pessoas que se propõem a crescer, a avançar, a lutar por seus alvos e esperanças. Hoje, o Dr. Elias Lopes Vieira, e o chamamos assim, porque essa foi sua conquista, ainda que na amizade o chamemos de Elias, é um testemunho verdadeiro disso.

Amigo irmão Elias, hoje companheiro de jugo no desafio de resgatar vidas, é imensurável a nossa alegria em ver o seu crescimento, sua maturidade, e seu conhecimento. Sabemos que isso foi alcançado com muito esforço, muito choro, dores, disciplina, arrojo, vencendo muitas etapas, até a própria distância.

É como diz a Bíblia no Salmo 126:5-6: **Os que com lágrimas semeiam com júbilo ceifarão. Quem sai andando e chorando, enquanto semeia, voltará com júbilo, trazendo os seus feixes.**

Um grande parabéns para você e também para sua esposa Aline, testemunha ocular de suas lutas, por uma obra tão maravilhosa e, seguramente, outras virão.

Querido leitor, este livro trará a você uma grande oportunidade de crescimento e motivação pessoal. Certamente, descobrirá verdades que o ajudarão a crescer na direção do "Quem Eu Sou", alegrando o seu coração.

Dr. Elias Lopes Vieira, vá em frente, "O SENHOR É CONTIGO".

Ovídio e Soraia D'Oliveira
Bispos da Igreja Fonte da Vida em Ribeirão Preto/SP.

SUMÁRIO

CONSIDERAÇÕES INICIAIS..9

CAPÍTULO 1:
TER PARA SER OU SER PARA TER?........................17

CAPÍTULO 2:
QUEM EU SOU? O QUE EU TENHO?........................33

CAPÍTULO 3:
SOMOS TRINOS: O CORPO, A ALMA E
O ESPÍRITO NO ESPELHO..49

CAPÍTULO 4:
O MERGULHO NA PISCINA EMOCIONAL DA ALMA...............63

CAPÍTULO 5:
AS ESTRUTURAS FUNDAMENTAIS DA ALMA.........................79

CAPÍTULO 6:
E O ESPELHO? O QUE É O ESPELHO?..........................99

CAPÍTULO 7:
O EU SOU ME ENVIOU A VÓS......................................115

CAPÍTULO 8:
ABRIREI A VOSSA SEPULTURA....................................133

CAPÍTULO 9:
PASSOS PARA A RECRIAÇÃO DO EU SOU
À LUZ DA BÍBLIA..151

CONSIDERAÇÕES FINAIS......................................171

ELIAS LOPES VIEIRA

CONSIDERAÇÕES INICIAIS

Como foi bom e agradável ter esperado todo esse tempo. Confesso que não foi fácil, principalmente na época do imediatismo em que vivemos. Tudo é para ontem, tudo é para aqui e agora. Não se sabe esperar pelo amanhã nem pela estação certa. Saber esperar é uma qualidade que se aperfeiçoa com o tempo e traz maturidade.

Esperar é a essência do significado de esperança, tanto é que há o ditado popular em que se elege a esperança como a última que morre. Esperança não é somente esperar passivamente. Esperança é esperançar, que significa almejar, sonhar, definir o que quer. Buscar como alcançará, agir e não parar de crer, lutar e buscar.

Na minha adolescência tive convicção de qual era meu chamado e o que faria na minha missão delegada pelo Criador. Esperei mais de vinte anos para estar aqui, falando com você, apresentando minha primeira obra, meu primeiro livro.

Há um preço para construir e realizar sonhos. Eu digo que o livro em si não é o alvo, mas a consequência de alvos alcançados, que, se fosse narrar todos, não caberiam nestas páginas. Momento muito especial, imensa responsabilidade e compromisso em escolher esse tema tão necessário e imensurável.

Quero, por meio deste, compartilhar parte dos alvos alcançados em Deus. **Em Romanos 5: 3-4, está sabiamente descrito: E não somente isto, mas também nos gloriamos nas tribulações; sabendo que a tribulação produz perseverança, e a perseverança a experiência, e a experiência a esperança. E a esperança não traz confusão, porquanto o**

QUEM É VOCÊ NO ESPELHO?

amor de Deus está derramado em nossos corações pelo Espírito Santo que nos foi dado.

Passar por tribulações nos forja para a vida, leva-nos a adquirir perseverança, experiência e esperança. Esperança é saber esperar e não se desesperar, passar pelas crises e adquirir maturidade emocional e espiritual.

Não existe crescimento sem perdas, dor e choro. O nascimento é um exemplo, perde-se o aconchego e a dependência do útero, tem-se dor e choro na separação, traz autonomia e oficializa a vida, a existência de um ser humano na Terra.

Sempre faço uma reflexão quando observo as abelhas. Temos em nossa memória a imagem da abelha pousada em uma flor retirando o néctar. Não nos lembramos nem imaginamos como é uma abelha transformando esse néctar em mel. Fazer mel é peculiar, particular e misterioso. Estamos presentes ao ver o voo da abelha, seu pouso na flor e, ao avistar, já pronto, um favo de mel frondoso.

Assim é a nossa vida. Vemos as pessoas trabalhando, correndo, batalhando. Vemos os frutos, mas não as vemos fazendo mel, o administrar das lutas, tribulações, perseverança, experiência, esperança, o tempo que esperou. Fazer mel é transformar os percalços da vida, as lições das tribulações e crises em amadurecimento.

O Eu Sou é completo e construído pelo mel que se tem. Não me refiro ao ter bens materiais, mas ter o ser, ter o saber ser. O Mel é um símbolo que representa sabedoria, o princípio da sabedoria é o temor a Deus. Quem é sábio teme a Deus, vence as tribulações, sabe esperar, tem esperança, sabe fazer mel. Busca que as circunstâncias da vida não se transformem em amargura e ressentimentos.

Onde não há perdão, a essência do ser humano não sobrevive, não há vida.

Há momentos em que passamos por guerras públicas. Todos veem nossos sofrimentos, perdas, compadecem das situações, mas só nós podemos dimensionar a dor e as lágrimas derramadas.

Há momentos em que passamos por guerras anônimas. São gritos secretos que ecoam silenciosamente em crises interiores, não há sequer o compadecimento das pessoas. É um sofrimento solitário.

Mas só nós saberemos o preço da superação em reeditar e transformar tudo em mel. Não podemos subestimar a dor do nosso próximo, precisamos ser empáticos nos colocando no lugar do outro.

Esses momentos, públicos ou anônimos, só serão superados quando optamos em escolher o posicionamento de vencedores e não de vítimas. O vitimismo nos leva a viver constantemente o ciclo das feridas, os vencedores procuram encarar a dor e buscar o processo da cicatriz.

A vítima só culpa o outro e o vencedor busca as responsabilidades dos erros tanto do outro quanto dos seus.

Aqueles que amam a Deus e O buscam com toda força sabem que O acham e que Ele faz com que todas as coisas cooperem para o bem daqueles que O amam.

O Eu Sou do Criador se manifesta em Sua Imagem e Semelhança no Eu Sou da Criatura.

Estamos iniciando uma jornada verdadeira e sincera. Espero que você vá até o final, até a leitura da última página. Saiba que o final será o início de uma nova jornada a ser escrita e revivida por você. É uma honra estar aqui, descrever experiências, conceitos, sentimentos, tudo que contribuirá positivamente para você, prezado ou prezada, ou melhor, permita-me chamá-lo ou chamá-la de meu amigo leitor ou minha amiga leitora.

QUEM É VOCÊ NO ESPELHO?

No livro de Êxodo, capítulo 3, Deus falou com Moisés por meio de um anjo que apareceu numa chama de fogo. Moisés olhou e viu que a sarça ardia e não se consumia. Deus não o permitiu que se aproximasse. Ordenou que tirasse as sandálias dos seus pés, porque o lugar em que pisava era santo. Moisés cobriu o seu rosto, porque temeu olhar para Deus. Ali Deus falou com Moisés na Sarça Ardente.

Digo que esse cobrir o rosto e temor de olhar para Deus é um tema principal que abordaremos. Há um significado neste temor do olhar para Deus, o temor do olhar para si mesmo, a resistência do autoconhecimento.

É impossível olhar para Deus e não olhar para si mesmo.

Quero neste momento dizer a você que eu tiro as sandálias dos meus pés, como um ato de respeito e reverência, diante de algo que é santo, merecedor de todo temor e cuidado, ao falar do emocional, do interior, do nosso coração, do nosso Eu Sou.

Há uma frase em que eu me identifico muito, do psicanalista **Jacques Lacan:**

Conheça todas as teorias, domine todas as técnicas, mas, diante de uma alma humana, seja apenas outra alma humana.

É sabido que em minha caminhada angariei conhecimento, títulos, experiências, mas neste momento o que prevalece é minha alma perante a tua. Não sou detentor de todo o saber. Já aprendi e vivi muito em minha vida, mas tenho convicção de que tenho muito que aprender e viver. O que relatarei não serão apenas as minhas forças e vitórias, mas também minhas fraquezas e limitações.

Estou aqui como outra alma humana que chora e enxuga lágrimas, cai, levanta e anda. Vou na Força que se aperfeiçoa na minha fraqueza. É necessário retirarmos a capa das aparências e sermos sinceros conosco mesmos, custe o que custar, doa o que doer, mesmo que seja em silêncio, longe dos rótulos e julgamentos dos outros, para que possamos nos rever e despirmos das mentiras que corroem a identidade humana.

Uma das ações em que mais aprecio em Jesus Cristo foi quando Ele lavou os pés dos seus discípulos. Lavar os pés é uma manifestação de servidão, aliança e purificação. O Mestre era autoridade sobre todos, mostrou o exemplo de servir e amar ao próximo, humildade, fidelidade e pureza. O significado fundamental de autoridade é fazer crescer, proporcionar crescimento àqueles que estão sob o seu comando e aprendizagem.

Eu me coloco em humildade, em um ato de servo, faço uma aliança contigo, lavarei os seus pés nestes momentos em que passaremos juntos por meio da leitura deste livro. Pela Graça de Deus, quero ser canal de Bênçãos e contribuir para seu crescimento.

Todos são atraídos pelo espelho ao acordar e ir trabalhar, escola, faculdade, alguma festa. Ao se deparar com um espelho, nos corredores, elevador, vitrine de uma loja, todos param para se olhar. Há momentos em que as pessoas, ao avistarem um banheiro, entram não porque estão necessitando, mas só para se olhar.

Todos observam sua imagem exterior sempre preocupados com o olhar dos outros. O olhar para o espelho é baseado na interação social em que vivemos e na cobrança dos padrões exigidos pela sociedade. O olhar para o espelho é uma necessidade de adequação com o outro e para o outro.

Para algumas pessoas, o espelho é uma tortura. Até mesmo para essas que não são atraídas pelo espelho, pelo contrário, fogem do espelho, não estão fugindo delas mesmas, estão fugindo da frustração de não satisfação ao olhar do outro.

QUEM É VOCÊ NO ESPELHO?

As pessoas que fogem do espelho estão mais próximas delas mesmas do que as que são escravas do espelho e obstinadas em satisfazer o olhar do outro.

É necessário olhar para o espelho e buscar a necessidade de adequação para si mesmo. Desvencilhar-se das exigências externas, olhar dentro dos próprios olhos e enxergar Quem Eu Sou no Espelho.

Deparar-se com nossas fraquezas, medos, dúvidas e dores e, ao mesmo tempo, com nossas forças, coragens, certezas e curas, com as respostas que procuramos. Conhecermos quem somos, confrontarmos e nos encontrar, aquilo que precisamos mudar ou adquirir, que sejam desafios saudáveis para nós, que contribuam para nossa autoestima, crescimento, maturidade e sabedoria.

É habitual conhecermos mais o outro do que a nós mesmos. Poucas vezes nos olhamos no espelho, mas as pessoas que convivemos as olhamos a todo o momento. As pessoas passam a ser nosso espelho contínuo, nós nos vemos nas qualidades e nos defeitos dos outros como mecanismo de projeção. Enxergamos nos outros aquilo que está em nós e não admitimos até mesmo para nós.

Temos afinidade ou aversão, identificamos ou censuramos. No famoso ditado popular, quando apontamos um dedo para o outro, estamos apontando um dedo para a pessoa, três para nós mesmos e um para Deus. É um objeto simbólico de um revólver. Querer matar e destruir no outro aquilo que está ou falta e grita ocultamente em nós.

Quando acusamos e criticamos o outro, estamos confessando aquilo que está em nós mesmos. A exemplo da reflexão de **Sigmund Freud:**

O homem é dono do que cala e escravo do que fala. Quando Pedro me fala de Paulo, sei mais de Pedro do que de Paulo.

Quanto mais próximo se está de si mesmo, há condições propícias para se estar mais próximo do seu próximo e do Criador. Conhecer quem é você é conhecer quem é o Criador e quem é o próximo.

O relacionamento interpessoal (com o outro) está condicionado ao intrapessoal (consigo mesmo). A forma como a pessoa se relaciona com o seu próximo é a forma como se relaciona consigo mesmo.

O que adoece o Ser Humano é quando ele se distancia de si mesmo. Assim, distancia-se de Deus e do seu próximo. Passa a buscar o Ter e angustiar o Ser. Ganha o mundo todo e perde sua Alma. Entra em um ciclo de insatisfação e consumismo, a ponto de autodestruir e destruir o meio em que vive.

Torna-se fundamental refletir sobre Quem Eu Sou no Espelho.

O texto temático deste livro está em **I Coríntios 13:12: Porque agora vemos por ESPELHO em enigma, mas então veremos face a face; agora conheço em parte, mas então conhecerei como também EU SOU conhecido.**

Nós nos vemos no espelho em enigma. O olhar para si no espelho e decifrar esse enigma é nosso desafio.

Não sei como este livro chegou até você. Talvez tenha comprado na prateleira de uma livraria, em um *site* ou ganhado de presente. Deu uma lida na capa, folheou e agora estamos aqui, juntos.

Acredito que você não só escolheu, como também foi escolhido para ler este livro. Caçaremos a porção da nossa essência no mais profundo e oculto do nosso Eu Sou.

QUEM É VOCÊ NO ESPELHO?

Você está investindo no que tem de mais precioso, você mesmo. É preciso investir em nós para podermos investir no outro. É certo que em alguns momentos teremos alguns desconfortos, incompreensões, diante das verdades e das mentiras equivocadas que há em nós.

Pagamos um preço quando nos deparamos com o despir das crenças incoerentes que nos causam prejuízos psíquicos, ansiedades desnecessárias e sofrimentos silenciosos. Esse preço desconstrói o que até então eram verdades nos sentimentos e pensamentos e que depois tornam-se mentiras, para, assim, reconstruir em verdades libertadoras.

O Eu Sou anseia ser livre.

Saiba que vale a pena aceitar este convite para a reconstrução do Ser. Mexermos com as nossas estruturas e depararmos com quaisquer comprometimentos que nos tornam limitados.

Quero lhe propor, nunca impor. Todas as vezes que se deparar e olhar para um espelho, tenha um olhar para si mesmo. Olhe para o espelho, veja sua imagem, procure não dar ouvidos às vozes dos rótulos e das cobranças dos outros que estão dentro de nós mesmos. Olhe bem nos seus olhos, pergunte, responda e encontre:

— Quem É Você no Espelho?

O que mais almejo é que você tenha um olhar seguro e verdadeiro para sua autoimagem, construa uma relação harmoniosa com sua autoestima e tenha uma habilidade na linguagem com seu autoconhecimento.

A minha maior realização é que nossa caminhada faça diferença em sua vida. Que você possa vivenciar o maior e o melhor de si mesmo, o maior e o melhor do seu próximo, o maior e o melhor de Deus.

CAPÍTULO 1:

TER PARA SER OU SER PARA TER?

ELIAS LOPES VIEIRA

CAPÍTULO 1:

TER PARA SER OU SER PARA TER?

Pois, que adianta ao homem ganhar o mundo inteiro e perder a sua alma? (Marcos 8:36)

Houve um tempo da minha vida em que eu era um amante da natureza. Acreditava que estudaria biológicas, pós-graduaria em ecologia, acumularia títulos para ter respaldo diante da sociedade e, assim, defenderia da extinção o mico-leão-dourado, a matança das baleias cachalotes, as queimadas das matas e florestas, a poluição dos rios e mares.

Eu tinha mais prazer em conviver com os animais do que com os seres humanos. Mal sabia eu que a poluição que o homem comete no meio em que vive nada mais é do que o reflexo da poluição presente na intimidade do seu Ser.

Eu colecionava álbuns, livros e revistas sobre fauna e flora. Sabia os nomes científicos dos animais e das plantas. Meus

QUEM É VOCÊ NO ESPELHO?

programas prediletos na televisão eram sobre a zona rural e o meio ambiente. Meu referencial era Jacques Cousteau, conhecido mundialmente pela defesa ecológica.

Eu almejava ser um evangelista dos índios, sair em missões ministeriais nas matas e florestas e pregar o Evangelho aos indígenas. Ser um missionário na Amazônia ou na África, pelo simples fato de estar próximo do que eu mais admirava.

Não tenho nada contra quem defende a natureza. Pelo contrário, acredito na beleza desse trabalho. Cada pessoa possui um projeto inicial o qual a Força Maior o impulsiona ao seu determinado alvo. Circunstâncias da vida me levaram a refletir sobre o meu isolamento da humanidade, sobre os esconderijos no Ter que se tornam escuridões para o Ser. Eu buscava a construção sobre fugas inconscientes.

Houve luz às minhas trevas. Vi que o meu compromisso inicial não era com a natureza, mas com a humanidade. Não era com os animais, mas com os seres humanos. Vi que predomina a extinção da solidariedade, a matança do bom caráter, as queimadas das veredas antigas, poluição e cauterização das mentes. A humanidade está perdida do seu projeto inicial, buscando o Ter e angustiando o Ser.

Quando a pessoa perde o seu projeto inicial, começa a construir o Ter para fugir do Ser. Tornam-se monumentos faraônicos que guardam cadáveres eternizados pela idolatria mumificada. Uma pirâmide impressiona quem está por fora, só que dentro abriga a morte. Assim é aquele que constrói o Ter e mumifica o seu próprio Ser. Não somos formados por obras, mas por sentimentos. O Ter se constrói e o Ser se vive. O Ter é necessário para a sobrevivência e o Ser para a vivência.

Ser é tudo aquilo que trago ao nascer, construo durante a vida e vou levar quando morrer.

As únicas obras construídas durante a vida que se leva ao morrer são as eternas, os tesouros que não são deste mundo, que o ladrão não pode roubar nem a traça corroer. O Ser é estar bem consigo mesmo, independe do Ter ou não Ter.

Ter é tudo aquilo que herdo ao nascer, construo durante a vida e vou deixar quando morrer.

O Ter saudável só existe quando é um reflexo do Ser valorizado, vivo e conhecido. O Ter construído sobre o Ser angustiado não passa de uma Pirâmide do Egito. Impressiona o mundo com seu status, porém abriga a morte existencial.

A segurança do Ter se baseia na cultura, riqueza e beleza, os padrões estabelecidos pela sociedade idólatra.

A segurança do Ser se baseia em amar e ser amado, nas coisas simples da vida, estar próximo à natureza e de tudo o que não tem valores monetários, estar íntimo consigo mesmo, com Deus e com seu próximo.

Você procura Ter para Ser? Aonde chegará? Se lhe tirasse tudo o que você tem, seus cursos, funções, bens, tudo o que construiu, o que lhe restaria? Você sabe conviver mais com o seu Ser ou com o seu Ter?

Você sabe o que você Tem? Você sabe quem você É?

As respostas para revelar os passos para alcançar o Alvo estão dentro de nós mesmos. Eu estou aqui me posicionando para te encorajar a Ser quem você É, não somente Ser o que você Tem. Quando não conhecemos quem Somos, não conseguimos valorizar o que Temos e nos desprestigiamos pelo que não Temos.

Ter para Ser ou Ser para Ter? Ser para Ter!!! Sempre e Sempre...

QUEM É VOCÊ? APRESENTE-SE!!!

Quando uma pessoa é abordada para se apresentar, geralmente inicia: "- Eu Sou...", fala o nome, idade, estado civil, se tem ou não filhos, grau de escolaridade, atuação profissional, descrição de suas características físicas, cidade natal e outros. Na verdade, todas essas informações e características não pertencem ao Eu Sou, mas ao Eu Tenho.

A exemplo do nome próprio, faz parte do Ter, foi herdado ao nascer e ao morrer ficará descrito na lápide do túmulo. Ao morrermos, deixaremos os enlutados, cônjuge, pais, filhos, familiares, amigos, títulos, trabalho, dinheiro e o nosso corpo. Deixaremos o Ter e levaremos o Ser.

Temos mais habilidades em lidar com o que Temos do que com o que Somos. O Eu Sou é algo mais complexo e subjetivo que envolve sentimentos, sonhos, missão, o mais profundo da alma e do espírito. O ser humano projeta-se no Eu Tenho e tem dificuldades em conceituar o Eu Sou.

Ao relatar o que Eu Tenho, citamos propriedades, imóveis e móveis, documentos que comprovem nossas posses, adquiridos com uma conquista que pode ser atribuída um valor financeiro.

Ao descrever quem Eu Sou, só se comprova com intimidade, caminhando junto, conhecendo e adquirindo confiança.

DIALOGANDO COM A ESSÊNCIA E A EXISTÊNCIA

O ser humano tem uma essência e uma existência. A essência é a porção do Eu Sou. A existência é a porção do Eu Tenho. A essência é a base para a existência, é o motivo de estarmos aqui na Terra. A essência é uma identidade que nos faz únicos. A existência é a parte das necessidades que temos para sermos supridos. A essência é eterna e a existência passageira. A essência é o Eu Sou e a existência o Eu Tenho.

Assim como o Eu Sou e o Eu Tenho estão interligados, a essência e a existência também. Precisamos da essência e da existência, do Eu Sou e do Eu Tenho. Os dois são partes que compõem um só. O Eu Tenho faz parte do Eu Sou, mas é provisório, enquanto passamos por este Mundo.

A questão é Ser para Ter e não permitir que o Ter sobreponha e prevaleça sobre o Ser. Vivemos muito bem com o que é necessário para nossa existência.

Temos o exemplo da mão e da luva. Quando está frio, a mão precisa da luva. A mão é a essência e a luva a existência. Quando a mão não se aceita ou não é feliz com a luva que tem, almeja aquela luva idealizada, distante do seu poder aquisitivo. Tem-se uma não aceitação e uma crise existencial.

O importante é a mão estar aquecida do frio e suprida pelo calor do afeto. A mão faz parte da pessoa, a luva está na pessoa. A luva vai e a mão fica. A mão se separa da luva.

O Eu Sou se separará do Eu Tenho. A essência se separará da existência.

ABRAHAM MASLOW (1908-1970), UM PSICÓLOGO JUDEU

Foi um psicólogo americano, filho mais velho de uma família de judeus, que morava em Nova Iorque. A Teoria das Necessidades de Maslow é uma divisão hierárquica em que as necessidades de nível mais baixo devem ser satisfeitas antes das necessidades de nível mais alto. Maslow define um conjunto de cinco necessidades de existência:

1ª FISIOLÓGICAS – fome, sede, sono, respiração, reprodução, excreção, homeostase do corpo;
2ª SEGURANÇA – abrigo e proteção física, casa, estabilidade financeira, emprego, saúde e bem-estar, perspectivas para o futuro;
3ª ASSOCIAÇÃO – aspectos que envolvem emoção, aceitação, fazer parte, família, amor, intimidade, amigos, colegas;
4ª ESTIMA – ser aceito e valorizado por si e pelos outros, reconhecimento frente às capacidades e competências pessoais executadas em funções dentro de um grupo;
5ª AUTORREALIZAÇÃO – motivação para realizar o potencial máximo do Ser, tornar-se aquilo que se pode e quer Ser, a maior e a única verdadeiramente satisfatória.

Se por um acaso um grupo de aventureiros e esportistas se perderem por dias em uma grande floresta, a primeira preocupação dos mesmos é em adquirir comida e água. A segunda é estar seguro em um abrigo onde dormirão e refugiar-se-ão dos perigos.
Então, confirmam-se, assim, as necessidades fisiológicas e de segurança como as básicas.
A terceira necessidade do ser humano é a associação, necessidades de relacionar-se e construir vínculos afetivos com as pessoas mais próximas e íntimas. O ser humano que não se relaciona torna-se vulnerável à desnutrição afetiva.

A quarta necessidade é a de estima, é o desejo de ser aceito e valorizado por si e pelos outros, o reconhecimento pela contribuição, competência e importância dentro do grupo.

O último degrau da pirâmide de Maslow está na autorrealização, almejar e atingir o pico da satisfação em ser humano. Para atingir esse nível é necessário estar seguro com todas as necessidades abaixo dessa. É a completude da existência do Eu Sou e do Eu Tenho.

Segundo Maslow, o ser humano procura satisfazer as necessidades básicas para depois as demais em hierarquia. Se faltar comida à mesa, a única e principal preocupação é a fisiológica, não se importando com as demais. Satisfazendo essa, busca-se suprir a de segurança.

Quando se tem a fisiológica e a segurança satisfeitas, busca-se a associação, convívio familiar e amigos. Após a estima, importância para o grupo social por meio de suas competências no trabalho, ministério e outros.

Nesta busca das necessidades do Eu Tenho, nos deparamos com uma série de ansiedades, muitas pessoas por questões de limitações de poder aquisitivo ficam mais nas necessidades fisiológicas e segurança. Outras alcançam as demais, mas infelizmente poucas chegam à autorrealização, que é a necessidade do Eu Sou.

Carl Jung disse certa vez:

Todos nós nascemos originais e morremos cópias.

Nessas buscas pela existência, corremos o risco de perdermos nossa essência e nos tornarmos padrões do Eu Tenho, mortificando a originalidade da essência.

SIGMUND FREUD (1856-1939) – UM MÉDICO JUDEU

Foi um médico neurologista, nasceu na Áustria, filho de uma família de judeus. É conhecido como o Pai da Psicanálise, conceituou o inconsciente do ser humano. Criou uma ciência, arte em autoconhecimento, que contribui para que o ser humano adentre ao seu Eu Sou.

Quem não já ouviu o jargão popular Freud Explica?

Ele desenvolveu a Teoria Topográfica, subdividida em CS (Consciente), PCS (Pré-Consciente) e ICS (Inconsciente). Representou simbolicamente essa teoria na figura do Iceberg, a imensa cratera de gelo, que fica 10% de seu topo para fora d'água e 90% submersa. Você pode fazer uma representação colocando uma pedra de gelo em um copo d'água e observar. É a mesma de um iceberg.

O consciente é a décima parte imersa e o inconsciente são os 90% submersos.

O consciente está em contato com tudo o que é acessível e vem à memória aquilo que é possível lembrar-se, verbalizar, reviver e não causar dor ou desconforto. O inconsciente é tudo o que está submerso no mais profundo desde o nascimento até o atual fôlego de vida.

O pré-consciente é a porção intermediária que realiza um efeito de triagem. Tudo o que vem do inconsciente para o consciente e pode comprometer o equilíbrio psíquico é reprimido pelo pré-consciente. Tem-se uma resistência e é recalcado no inconsciente, ficando congelado no mais profundo do Ser aquilo que não pode ou não se quer se recordar. O inconsciente é essa porção 90% submersa.

O Pai da Psicanálise trouxe o instrumento mais simples e necessário, a cura pela fala. Chamou-a de Livre Associação. Ao falar livremente daquilo que incomoda, enfrentando todas as resistências, a pessoa passará a se conhecer e transformará sua personalidade. O autoconhecimento se constrói com o falar de si mesmo, ter no outro o espelho da sua alma.

Freud apresentou a fala como necessidade prioritária do Eu Sou.

O que está reprimido no fundo do inconsciente, por mais que esteja recalcado e esquecido, não significa que é inexistente. Está presente e influencia todo o consciente e se manifesta em sinais, sintomas, comportamento e sentimentos.

> Quando me impus a tarefa de trazer à luz o que os seres humanos guardam dentro de si, observando o que eles dizem e mostram, pensei que a tarefa fosse mais difícil do que realmente se mostrou ser. Aquele que tem olhos para ver e ouvidos para ouvir pode convencer-se de que nenhum mortal pode guardar um segredo. Estando seus lábios silenciosos, fala ele com as pontas dos dedos, traindo-se por todos os poros. Assim, a tarefa de tornar conscientes os mais escondidos recessos da mente se torna perfeitamente factível.
>
> Sigmund Freud

JESUS CRISTO – O REI DOS JUDEUS

Porque Deus amou o mundo de tal maneira que deu o seu único filho para que todo o que Nele crê não pereça, mas tenha a vida eterna. (João 3:16)

QUEM É VOCÊ NO ESPELHO?

Deus teve um plano de salvação para o ser humano em resgatar a humanidade para a Sua Imagem e Semelhança: tornar-se possível a reaproximação do homem com Ele. Para isso, pagou um alto preço enviando seu único Filho para o resgate do Eu Sou.

Cada atitude, passo, palavra, posicionamento de Jesus Cristo foi a representação de alguém que viveu intensamente a Verdade do Eu Sou. Ele é a Verdade. Deixou sua Glória e Majestade para vir em carne, passar por todas as vis paixões e se entregar pela humanidade. Foi rejeitado e injustiçado, teve morte de cruz.

Jesus Cristo não se rendeu aos dogmas e tradições. Ele veio para revolucionar os padrões estabelecidos pelos homens que castram a identidade do Ser Humano.

Não possuía padrões de riqueza e beleza, mas tinha a intimidade com o Plano Secreto que habitava no seu Eu Sou. Nunca perdeu esse elo da criatura com o Criador, do Filho com o Pai. Marcou a História e o coração da humanidade com a força do Amor e a intensidade do seu Eu Sou.

Este é o segredo para se viver a missão delegada pelo Criador, alcançando o Eu Sou Verdadeiro: esvaziar-se de si mesmo para se encontrar e construir a cada dia intimidade consigo e com Deus. O Eu Sou precisa se esvaziar em vez de se encher.

Mesmo que o Ser Humano fosse dono do mundo e que tivesse em seu poder todos os astros e as estrelas do Universo, não preencheria o vazio que há dentro de si.

Não é se enchendo que se preenche, é se esvaziando. É perdendo que se ganha. Quando se é fraco, é forte. Deparar-se com o vazio e a fraqueza é render-se à Presença e Dependência do Criador.

O despir de si é a resposta para conceituar o inconceituado Eu Sou.

Esvaziar-se do nosso engrandecimento e do nosso apequenamento, tanto da soberba quanto da autocomiseração.

Ele iniciou o processo de se esvaziar ao deixar a Glória nos Céus e passar por tudo o que passou, a pior humilhação e morte. Ele foi o Rei dos Judeus, rejeitado pelo seu próprio povo. Após todo o processo de perdas e dor, o preço e o cálice que teve que beber, obteve a autoridade sobre todos os principados e potestades.

Alcançou o inatingível alvo e reconquistou sua Glória em porção dobrada do processo em que o seu Eu Sou veio passar aqui na Terra.

Assim é cada um de nós. Temos um processo necessário para alcançarmos a essência da excelência do nosso Eu Sou.

O GRANDE MANDAMENTO

Ao ser questionado em qual seria o maior mandamento, Jesus respondeu: **Amarás o Senhor teu Deus de todo o teu coração, e de toda a tua alma, e de todo o teu pensamento. Este é o primeiro e grande mandamento.**

E o segundo, semelhante a este, é: Amarás o teu próximo como a ti mesmo. (Mateus 22:37-39)

Jesus sintetizou todos os mandamentos nessa expressão de Amor. Os relacionamentos: vertical, com Deus, interpessoal, com o próximo, e intrapessoal, consigo mesmo, são relações com o Eu Sou de Deus, com o Eu Sou do próximo e com o próprio Eu Sou. O verdadeiro Evangelho é o Amor. Deus é Amor. A base do Eu Sou do Ser Humano é o Amor.

QUEM É VOCÊ NO ESPELHO?

O primeiro e grande mandamento é o amor a Deus, a essência do Ser Humano. Estar em intimidade com Deus Criador como fonte de amor para assim poder amar ao próximo e a nós mesmos.

Jesus demonstrou ao mundo essas relações de afeto. Caso a pessoa tenha alguma barreira com um desses relacionamentos, compromete os outros. O nível de relacionamento consigo mesmo é proporcional ao nível de relacionamento em que a pessoa tem com o próximo e com Deus.

Quem sabe quem é o seu Eu Sou no Espelho terá condições para conhecer melhor quem é o Eu Sou do seu próximo e quem é o Eu Sou de Deus. A pessoa terá uma capacidade melhor de se colocar no lugar do outro e não esboçar julgamentos condenatórios.

É impossível conhecer a Deus sem se conhecer primeiro. Ao nos aproximar de Deus, há luz em nossas trevas e nos conhecemos como somos. O medo de olhar para Deus é o medo de olhar para dentro de nós e enxergar aquilo de que fugimos e nos causa dor e vergonha.

O VERDADEIRO AMOR

No amor não há medo, antes o Verdadeiro Amor lança fora todo o medo; porque o medo envolve castigo, e quem tem medo não está aperfeiçoado no amor. (I João 4:18)

A base da essência do Eu Sou está no Amar e ser Amado por Deus, pelo próximo e por si mesmo. O Verdadeiro

Amor lança fora todo medo que traz inseguranças e ansiedades. A falta de Amor desnutre afetivamente o Eu Sou e causa o adoecimento emocional, gerando conflitos de identidade e incoerências nos relacionamentos.

O Falso Amor adoece, amedronta e desconstrói. O Verdadeiro Amor cura, constrói e encoraja. A base para o Amor é a confiança.

Jesus disse: **Mas buscai primeiro o Reino de Deus, e a sua justiça, e todas estas coisas vos serão acrescentadas. (Mateus 6:33)**

O Reino de Deus é o Eu Sou e as outras coisas o Eu Tenho. Buscai primeiro o Eu Sou e o Eu Tenho será acrescentado.

O Reino de Deus se constrói dentro de nós, é o Eu Sou Dele em nós. O Reino de Deus está no nosso Eu Sou, não em coisas do Eu Tenho, naquilo que satisfaz as nossas necessidades. Está em buscar o Eu Sou, a Imagem e Semelhança de Deus em nós.

Vermos e nos revermos para uma transformação sincera, confronto pessoal, mudanças de postura e correções de vida são os alvos para um crescimento integral.

É olhar no Espelho e Enxergar Quem Somos.

É uma sequência ilógica e incoerente quando se busca o Eu Tenho e desacrescenta o Eu Sou.

É uma sequência lógica e coerente a busca do Eu Sou para que o Eu Tenho seja acrescentado.

CAPÍTULO 2:
QUEM EU SOU? O QUE EU TENHO?

CAPÍTULO 2:

QUEM EU SOU? O QUE EU TENHO?

Aproximando-se Dele um jovem, disse-lhe: Bom Mestre, que bem farei para conseguir a vida eterna? E Ele disse-lhe: Se queres, porém, entrar na vida, guarda os mandamentos. Disse-lhe o jovem: Tudo isso tenho guardado desde a minha mocidade; que me falta ainda? Disse-lhe Jesus: Se queres ser perfeito, vai, vende tudo o que tens e dá o dinheiro aos pobres, e terás um tesouro no céu. E vem, e segue-me. E o jovem, ouvindo esta palavra, retirou-se triste, porque possuía muitas propriedades. Disse então Jesus aos seus discípulos: Em verdade vos digo que é difícil entrar um rico no reino dos céus. E, outra vez vos digo que é mais fácil passar um camelo pelo fundo de uma agulha do que entrar um rico no reino de Deus. (Mateus 19: 16, 17b, 20-24)

O JOVEM RICO POBRE

Jesus tocou no ponto de apoio natural do jovem. A Bíblia diz que onde está nosso coração, ali estará nosso tesouro. O passo para conquistar a vida eterna é desprender-se de todo Eu Tenho para viver todo Eu Sou. Ele não queria que o jovem perdesse tudo do Eu Tenho, mas que ganhasse tudo do Eu Sou, que fizesse uma reflexão sobre onde estava sua segurança.

Após Jesus lançar a prova, entristecido, o jovem rico não aceitou. Ele manteve-se rico do Eu Tenho e pobre do Eu Sou. Jesus disse aos seus discípulos sobre a dificuldade de um rico do Eu Tenho entrar no Reino dos Céus e adquirir a riqueza do Eu Sou.

As cidades eram rodeadas por grandes muralhas. Existia uma entrada e após determinado horário era fechada. Atrás das cidades tinha o fundo de agulha, uma entrada no formato duma porta da altura de um adulto. Para um camelo passar teria que se abaixar e de joelhos retirar todas as cargas de suas corcovas. O camelo passava ajoelhado e nu como veio ao mundo.

É preciso ter humildade de joelhos e renúncias do que se carrega nas corcovas para passar pelo fundo de agulha. É a maior representação de desapego dos bens materiais e de se lançar ao seu próprio Eu Sou e ao Eu Sou de Deus, conquistando assim o Seu Reino e a Vida Eterna.

A PROVA DE ABRAÃO

Abraão seria pai de multidões e sua geração foi comparada com as estrelas dos Céus. Sua esposa era estéril e passou-se 25 anos. Ele com 100 anos, ela com 95, vencendo a esterilidade e o impossível das idades avançadas, houve um milagre, o filho da promessa nasceu.

Isaque era tudo pra Abraão, a promessa cumprida, a fidelidade de Deus, a geração, a missão, o Eu Sou projetado, seu único filho amado. Isaque era para Abraão sua autorrealização.

Deus amou o mundo de tal maneira que enviou seu único filho para pagar um alto preço, Ele concebeu a Abraão o passar pela mesma prova. Na época, como ato de santificação dos pecados e aliança com Deus, eram feitos sacrifícios de animais. O sangue inocente derramado purificava do mal e perdoava os pecados.

Quando Isaque tinha treze anos, Deus pediu para Abraão sacrificá-lo como cordeiro. Abraão obedeceu, entregou tudo o que tinha. Isaque foi para o matadouro submisso. Prestes a cometer o ato de derramamento de sangue, Deus enviou o anjo que o impediu. Abraão foi aprovado. Seu coração foi esvaziado do Eu Tenho para viver o seu Eu Sou e o Eu Sou de Deus nele. Abraão passou a ter uma intimidade maior com Deus e consigo mesmo.

Quando nos apegamos e amamos mais o que temos, não conseguimos amar a nós mesmos nem a Deus. Este apego incondicional se torna o centro e ocupa o lugar de Deus em nossas vidas, o lugar do nosso Eu Sou. O Eu Tenho não se refere somente a bens, como no caso do jovem rico. É um filho, um ente querido, o trabalho, o ministério e outros.

Assim como Deus não queria que Abraão perdesse seu filho, Jesus não queria que o jovem rico perdesse tudo o que tinha, mas se desapegasse de tudo aquilo que substituía em seu coração a essência e o Eu Sou. Que não amasse mais as coisas do que a Deus e buscasse primeiro o Seu Reino.

Quando colocamos algo acima de Deus, esse nos separa Dele, passamos a buscar naquele o que somente Deus pode fazer. Quando não conseguimos entregar nosso Isaque, esse se torna pra nós um Bezerro de Ouro, símbolo de idolatria que substitui o lugar de Deus em nossas vidas.

Há algum Isaque que não foi entregue e tem substituído o lugar do Deus Eu Sou em nossas vidas?

A PACIÊNCIA DE JÓ

Jó era muito rico, tinha milhares de ovelhas, jumentas, camelos, posses e servos, os bens preciosos da época. Tinha sete filhos e três filhas, uma família linda. Ele era respeitado pela sociedade em que vivia.

Jó perdeu tudo em pouco tempo. Seus bens e posses foram roubados. Um vento impetuoso soprou sobre os cantos da casa onde seus filhos estavam, as paredes caíram e todos morreram. Jó ficou só e sem nada.

Nesse momento de grande luto, Jó se levantou, rasgou seu manto, rapou sua cabeça, lançou-se em terra, adorou a Deus e disse:

> Nu saí do ventre de minha mãe e nu tornarei para lá. O Senhor o deu e o Senhor o tomou, bendito seja o nome do Senhor. Em tudo isso Jó não pecou, nem atribuiu a Deus falta alguma. (Jó 1:21 e 22)

Jó expressou por meio de atos e de vestimentas a dor do seu coração. Nudez nos remete a perdas, vulnerabilidades, desamparo e crises, ao camelo passando pelo fundo de agulha em que temos que trilhar por esta passagem e adentrar a nós mesmos.

Nesses momentos de desamparo é possível que surjam desejos em retornar ao ventre da nossa mãe, que nos envolvia, não ter que assumir as adversidades e provações da vida. Mas como é impossível voltar ao útero e descansar das mazelas da vida, a única possibilidade ao amparo de voltar ao antes do nascimento é almejar o descanso da própria morte em um sepulcro.

Não somente passando por tudo isso, Jó foi tocado em seus ossos e na sua carne. Ele foi ferido com chagas malignas, desde a planta de seus pés até o alto da cabeça. Jó tomou um caco de telha para com ele se rapar e amenizar a sua dor, e assentou-se no meio das cinzas.

Jó soube esperar com perseverança. Esperançou com fé. Fez mel com tudo o que passou. Deus mudou a sua sorte e o deu em dobro de tudo o que antes possuíra. Ele foi um exemplo de paciência e é reverenciado no Novo Testamento:

> **Como sabeis, temos por bem-aventurados os que perseveraram. Ouvistes da paciência de Jó e vistes o fim que o Senhor lhe deu. O Senhor é cheio de misericórdia e compaixão. (Tiago 5:11)**

O mais importante das conquistas de Jó foi o que ele mesmo relatou:

> **Antes eu te conhecia de ouvir falar, mas agora de contigo andar, com os ouvidos eu ouvira falar de ti, mas agora te veem os meus olhos. Por isso me abomino e me arrependo no pó e na cinza.**
> **(Jó 42:6)**

Esse versículo é um dos mais conhecidos quando se passa por momentos difíceis. São nessas situações que nos conhecemos melhor e nos aproximamos mais de Deus.

Jó conhecia Deus de ouvir falar, cumpria seus mandamentos, mas não tinha intimidade com o Pai. Após essas circunstâncias, tornou-se amigo de Deus. Era cheio do Eu Tenho, perdendo, encheu-se do Eu Sou. Jó adentrou ao seu Eu Sou e ao Eu Sou de Deus.

PADRÕES ESTIPULADOS PELO REINO DO EU TENHO: CULTURA, DINHEIRO E BELEZA

No decorrer da vida nos são apresentadas as condições para se conquistar as exigências do Eu Tenho, mas não para a essência do Eu Sou. É algo natural, herdado do instinto animal, o querer Ter.

Os animais ensinam seus filhotes a sobreviver e não têm essa porção do Eu Sou. A vida humana não se diferencia muito do mundo de seleção e cadeia alimentar.

O maior e mais forte prevalece sobre o menor e o mais fraco. Há pássaros que quando nascem derrubam os outros ovos do ninho para só eles sobreviverem e usufruírem dos cuidados. Os filhotes mais fortes derrubam os mais fracos. No acasalamento, vence o mais forte.

O mundo do Eu Tenho é animalesco, competitivo e consumista. O ativismo sobrecarrega o ser humano da corrida pela existência na selva de pedra.

É cultural possuir coisas e os outros como propriedade de imposição de poder. Não é cultural o possuir a si mesmo e celebrar a vida.

QUEM É VOCÊ NO ESPELHO?

No reino do Eu Tenho, Ser é Ter. No reino do Eu Sou, Ser é não Ter. A vida do Eu Tenho é uma constante corrida para Ter o melhor e alcançar o pódio dos primeiros lugares.

De que adianta ser o primeiro e o melhor diante dos outros e ser o último e o pior para si? De que adianta ser o mais rico e ser pobre do Eu Sou, ser o detentor do conhecimento e analfabeto de si mesmo? De que adianta alcançar fama mundial, ser rodeado por milhões de pessoas, depois voltar para casa ou um quarto de hotel e não voltar para ninguém nem para si?

CULTURA

> **Não que possamos reivindicar qualquer coisa com base em nossos próprios méritos, mas a nossa capacidade vem de Deus. Ele nos capacitou para sermos ministros de uma nova aliança, não da letra, mas do Espírito; pois a letra mata, mas o Espírito vivifica. (Romanos 3: 5, 6)**

Ser culto não necessariamente significa ser sábio. O princípio da sabedoria é o temor a Deus, ter humildade, render-se a Ele e ao Seu conhecimento. Deus é Onisciente e todo conhecimento vem Dele, revelado aos seres humanos que têm a porção de Criador. Criaturas que criam, transformam o desconhecido em conhecido.

Há pessoas cultas que são tolas pela soberba da vida.

Existem pessoas sábias que não são consideradas cultas pelo mundo do Eu Tenho, não possuem a cultura almejada. No entanto, são sábias, possuem o bem mais precioso do ser humano, a essência da simplicidade do Eu Sou.

Todo soberbo é inseguro e iludido ao seu próprio respeito. O humilde possui a segurança de saber quem é.

Não devemos permitir que a ciência nos domine, tornando-se nossa deusa, nem que o conhecimento que adquirimos possa nos fazer sentir mais e independentes dos outros. Não podemos permitir que os instrumentos da ciência em nossas mãos possam nos afastar do Criador.

Nossa capacidade vem de Deus. Este é o segredo para não cairmos no equívoco da soberba, atribuir a Ele nossas conquistas.

Far-te-ei perecer, porque meu povo se perde por falta de conhecimento. (Oséias 4: 5a)

Precisamos do conhecimento das leis de Deus e da sua Palavra, do que vem do Deus Onisciente manifesto na ciência e sermos profissionais capacitados e habilidosos. É necessário o conhecimento para investirmos em prevenção e sermos pessoas saudáveis no corpo, na alma e no espírito.

Cada diploma e título que conquistarmos não nos farão maior que ninguém.

Ser respeitado é saudável, mas não significa ser Bom e Grande, maior que o outro, autossuficiente e independente de Deus. Seja feliz com o que você faz. Ame seu trabalho. Faça como se estivesse fazendo para Deus. Sendo assim, será honrado e abençoado.

E tudo o quanto fizerdes, fazei-o de todo o coração, como ao Senhor, e não aos homens, sabendo que recebereis do Senhor o galardão da herança, porque a Cristo, o Senhor, servis. (Provérbios 3:23-24)

DINHEIRO

> Porque nada trouxemos para este mundo, e manifesto é que nada podemos levar dele. Tendo, porém, sustento, e com que nos cobrirmos, estejamos com isso contentes. Mas os que querem ser ricos caem em tentação, e em laço, e em muitas concupiscências loucas e nocivas, que submergem os homens na perdição e ruína. Porque o amor ao dinheiro é a raiz de toda a espécie de males; e nessa cobiça alguns se desviaram da fé, e se traspassaram a si mesmos com muitas dores.
> (I Timóteo 6: 7-10)

Como é profundo e perfeito o texto acima. A Bíblia é o manual da sabedoria. Não trouxemos nem levaremos nada deste mundo. Nossa construção não se baseia no Ter.

Bastam recursos para o sustento, vestimentas e necessidades supridas para estarmos contentes. O amor ao dinheiro é a raiz de toda espécie de males que comprometem o fortalecimento da construção do Eu Sou.

O dinheiro é o símbolo do poder no mundo do Ter. É o principal instrumento de conquista e subjugo dos que Têm mais sobre os que Têm menos. O dinheiro faz com que a validação das pessoas seja não pelo que são, mas pelo que têm.

Ele que rege os poderes de influências na humanidade. Tudo se conquista no mundo do Ter com o dinheiro. Cauteriza as pessoas na busca de ganhar e consumir a qualquer custo, corrompe a tal ponto de passarem por cima do outro.

As pessoas se sentem mais quando têm mais e se sentem menos quando têm menos. O dinheiro pelo dinheiro pode preencher os olhos e o bolso, mas esvazia o coração.

E o que dizer daquela propaganda da viagem dos sonhos para aquele lugar paradisíaco? É como se a felicidade só fosse possível indo para aquele lugar. Por não ter condições financeiras, muitos entram num processo de insatisfação desumana. É muito agradável viajar, conhecer lugares novos, mas se não podemos, não devemos nos sentir inferiores ou infelizes.

Não importa onde se está, o que importa é como se está. E o que dizer do consumismo patológico? Pessoas que mergulham em dívidas sem limites, a necessidade compulsiva de consumir aquele produto quando, após o primeiro uso, a sensação de prazer cessa e volta o sentimento do vazio.

Isso é definido como o poder de consumir e a insatisfação de não saber Ser e não possuir a si mesmo. É o desconhecimento das preciosidades que não têm preço do Eu Sou.

E quando nos deparamos com notícias de pessoas ricas que, ao entrarem em um processo de falência de seus bens, empresas, por estarem tão distantes de si, retiram as próprias vidas?

Quantos relatos de pessoas que têm o mundo aos seus pés, auge de riquezas e fama, até que surge uma avalanche de notícias. E vem o suicídio. É o mundo da felicidade idealizada e equivocada. Todos almejam a felicidade de uma vida sem problemas com tudo do Eu Tenho, mas podem adentrar no engano de uma vida do nada do Eu Sou.

Melhor é o pouco com o temor do Senhor do que um grande tesouro, e com ele a inquietação.
(Provérbios 15:16)

BELEZA

> Porém o Senhor disse a Samuel: Não atentes para a sua aparência, nem para a grandeza da sua estatura, porque o tenho rejeitado; porque o Senhor não vê como o homem, pois o homem vê o que está diante dos olhos, porém o Senhor olha para o coração. (I Samuel 16:7)

A beleza é um equívoco. Não existe pessoa feia, não existe pessoa bonita. Todos nós fomos feitos à imagem e semelhança de Deus. Deus não faz acepção de pessoas. Deus não criaria pessoas feias e pessoas bonitas. Os padrões da beleza foram criados pelo mundo do Eu Tenho para satisfazer um ciclo doentio de exigências e explorações.

A beleza é uma verdadeira ditadura que adoece o Eu Sou. A beleza é cruel e apresenta uma imagem idealizada inalcançada.

As revistas com mulheres produzidas, com rotinas de vida distantes das comuns, são a exploração da imagem perfeita para escravizar o outro por padrões estabelecidos de belezas irreais. Insatisfação e frustração a fim de tornar o consumismo ilimitado.

Pessoas sacrificam seus corpos, chegam à beira da morte por complicações com produtos nocivos, algumas até perderam a vida mergulhadas em transtornos de imagens e alimentares. A beleza impõe padrões passageiros de estética. Pessoas adoecidas por esses padrões não aceitam as marcas do tempo nem a velhice.

Não importa estar dentro dos padrões nem ser belo ou feio. O que vale é amar e ser amado, é buscar a imagem e semelhança de Deus, uma reconstrução a ser conquistada a cada dia e de glória em glória.

Precisamos nos cuidar e zelar pela nossa saúde física e emocional. Estarmos bem conosco, praticarmos atividade física, mas não podemos ser escravos dos padrões de beleza.

A reconstrução do Eu Sou, libertando-se das algemas da escravidão da exploração do mundo do Eu Tenho, é o segredo para combater essa confusão existencial. A busca da imagem e semelhança de Deus é a necessidade de cada um de nós.

O bonito é ser verdadeiro. O belo é conhecer e amar a si mesmo. Agradar ao coração de Deus e sermos pessoas que possuem os frutos do Espírito, isto é, o aroma que nos torna belos e amados.

Sentir-se belo é quando se pode Olhar no Espelho e aceitar quem você é. Amar a si mesmo independe dos padrões estipulados pela opressão da beleza. Ser uma pessoa ajustada diante das cobranças da moda e do "mundo das celebridades" independe da cor, forma e quantidade de cabelos, condições da pele, traços do rosto e medidas do corpo.

Seja uma celebridade para si mesmo, construindo seu Eu Sou e promovendo ao seu redor o que está dentro do seu interior. Produza sorrisos nos lábios de Deus por meio de um aroma suave que suba às Suas narinas com ações que tragam o Reino Dele a sua vida e à Terra.

O coração alegre aformoseia o rosto; mas pela dor do coração o espírito se abate. (Provérbios 15:13)

Cada história relatada demonstrou a influência do apego ao Eu Tenho e do distanciamento do Eu Sou. Quando o ser humano passa por perdas, vulnerabilidades, fica só e nu, busca o encontro pessoal. São momentos de se aproximar de Deus, buscar amar a si mesmo e ao seu próximo e conhecer o seu Eu Sou.

A proximidade da morte física faz ressuscitar a vida na alma.

Quando vivenciamos a morte de um ente querido, os valores e princípios são revistos. Pessoas em estado terminal relatam sobre a fundamental importância para a vida, conhecer a si mesmo e ser feliz com as coisas simples.

QUEM É VOCÊ NO ESPELHO?

Como o Rei Salomão, conhecido pela sua sabedoria, relata em Eclesiastes sobre as vaidades, no final de tudo, tudo é vaidade e aflições de espírito, nada há de novo debaixo do sol. Ele descreve a diferença entre um velório e uma festa:

> **Melhor é ir à casa onde há luto do que ir à casa onde há banquete; porque naquela se vê o fim de todos os homens, e os vivos o aplicam ao seu coração.**
> **(Eclesiastes 7:2)**

Você se veria passando pelo fundo de uma agulha? Desapegando de tudo o que tem, em humildade, de joelhos, voltando ao início de sua essência? Nu como veio ao mundo? E ali, nesse dia, seu nascimento, reviver e retomar aquela pergunta do porquê está aqui na Terra? Qual sua missão em ser humano?

Lembremos de Abraão, que passou pela prova de perder seu próprio filho. Ganhou seu herdeiro de volta e com seu coração aprovado e mais próximo a Deus. Poderemos juntos recordar das perdas de Jó, da sua paciência e confiança. Você conseguiria se colocar no lugar dele? Perder tudo o que tem e ganhar tudo o que é? Conhecer a Deus só de ouvir falar, mas depois conhecê-lo de com Ele andar? Ser amigo de si mesmo? Ser amigo de Deus?

Faça uma lista de tudo o que tem e responda para si mesmo:
Se você perdesse tudo o que você Tem, o que sobraria?
Preciso Ser tudo o que Eu Sou, mesmo que tenha que abrir mão de Ter tudo o que Eu Tenho. Você conseguiria se encontrar e reencontrar-se com o não ter nada? Saiba que esse nada é tudo o que você é. O Ter nada, o esvaziar-se, nos faz deparar com o Ser tudo. Não é preciso perder tudo o que Eu Tenho para ser tudo o que Eu Sou. Viemos de Deus sem Nada, voltaremos a Deus sem Nada e, quando estamos diante do Nada, estamos mais perto de Deus e mais perto de nós mesmos.

CAPÍTULO 3:

SOMOS TRINOS: O CORPO, A ALMA E O ESPÍRITO NO ESPELHO

CAPÍTULO 3:

SOMOS TRINOS: O CORPO, A ALMA E O ESPÍRITO NO ESPELHO

> E o mesmo Deus de paz vos santifique em tudo; e todo o vosso espírito, e alma, e corpo, sejam plenamente conservados irrepreensíveis para a vinda de nosso Senhor Jesus Cristo. (I Tessalonicenses 5:23)

Como é agradável a notícia da vinda de uma criança. A primeira preocupação é com a escolha do médico obstetra para acompanhar a gestação. Do nascimento às fases de desenvolvimento é de fundamental importância a saúde física, alimentação e demais cuidados com o corpo.

Há depois duas grandes preocupações, a aprendizagem, visando no futuro uma carreira profissional, e o espiritual, os ensinamentos referentes à vida com Deus.

É cultural o investimento no corpo, na aprendizagem e no espírito. Não há um ensinamento para a compreensão da alma.

Quando abordo os temas voltados aos conceitos de corpo, alma e espírito, em palestras e ministrações, são visíveis essas incompreensões.

Ao perguntar sobre as necessidades do corpo, as pessoas relatam sobre comer, beber, tomar banho, necessidades fisiológicas, descansar, dormir, atividade física e outras.

Todos têm a compreensão sobre o corpo. Desde pequeno são ensinados os autocuidados e necessidades diárias.

Ao perguntar sobre as necessidades da alma, as pessoas sempre remetem à fé, oração, ao jejum, ir à igreja. Às vezes falam sobre amor e carinho. As pessoas atribuem as necessidades do espírito como sendo da alma, como se a alma e o espírito fossem a mesma porção, prevalecendo o espírito e a alma quase inexistente.

O ser humano é um ser indivisível, as partes são porções integrantes umas das outras. Uma não existe sem a outra. A tricotomia de corpo, alma e espírito são partes diferentes com definições e funções específicas.

DIVERSOS CONCEITOS E ABORDAGENS

Existem teorias que influenciaram tempos e povos, que constroem conceitos e abordagens com suas defesas e crenças. Algumas não acreditam que o ser humano é constituído como trino.

MONISMO

O monismo defende que mente e corpo são uma mesma coisa. Há dois tipos de monismo, aquele que reduz o corpo à mente e o que reduz a mente ao corpo. O primeiro acredita na influência primordial da mente sobre o corpo (imaterialismo) e o segundo na influência do corpo sobre a mente (materialismo).

O monismo pretende reduzir o Universo ao domínio da substância, da matéria e da energia. Acredita-se no que é real e visível. O monismo se utilizou do pensamento de Charles Darwin (1809-1882), tentou explicar a vida, o universo e a própria consciência, segundo o monismo genético e mecanicista.

As teorias monistas não sobrevivem fora dos ambientes acadêmicos. O monismo é combatido pelas religiões ocidentais, pois reverencia a matéria e anula o metafísico.

DUALISMO

De acordo com o dualismo, a mente é uma substância distinta do corpo. O conceito de mente pode ser aproximado aos conceitos de intelecto, pensamento e entendimento.

O maior influente do pensamento dualista foi René Descartes (1596-1650), que dividia o homem em coisa matéria e coisa pensante. Para ele, o espírito e o corpo/matéria constituem dois mundos distintos, não uma substância só.

O dualismo cartesiano influenciou o pensamento religioso ocidental das grandes religiões cristãs. Subjugou a alma humana, impedindo de alcançar o significado mais profundo. O dualismo separou o corpo de um lado e do outro a mente/espírito.

Deus e espírito se separam da matéria, de um lado, os assuntos de interesse religioso e de outro, as interpretações científicas, como duas realidades irreconciliáveis. Construiu-se uma gigantesca lacuna entre ciência e religião.

O dualismo condicionou alma e espírito a uma dimensão única. Devido a essa imensurável influência religiosa, as pessoas não sabem distinguir alma de espírito. É notório as pessoas terem habilidades em lidar com questões do corpo e do espírito, mas com relação à alma são analfabetos psíquicos.

PLURALISMO

O homem não deve ser explicado por teorias reducionistas, mas na sua completude e totalidade. Não é simplesmente a união de duas substâncias diferentes e sobrepostas, há questões culturais e sociais que influenciam sua formação. Existe algo na matéria que anima o corpo do Homem, que o diferencia dos demais entes viventes.

Karl Raimund Popper (1902-1994) foi um filósofo austríaco naturalizado britânico, veio de uma família judaica. Seu pensamento e teoria sempre estiveram envolvidos com questões da metafísica.

Metafísica é uma palavra de origem grega, metà, "além de", e *physis*, "física" ou "natureza". Metafísica significa além da física e da natureza. Ultrapassa o mundo da matéria, do visível e do concreto. Busca uma compreensão da essência das coisas, pensamentos filosóficos, religião, Deus, mundo, alma, espírito e sobrenatural.

Popper defende a ideia de que não pode haver progresso em ciência sem que haja elementos metafísicos envolvidos. Ele criticava os domínios e a intolerância da ciência com as demais teorias não científicas, pertencentes ao metafísico.

Desenvolve a ideia da realidade dos três mundos distintos, que se inter-relacionam, puramente pluralista. O mundo físico é o Mundo 1, o mundo dos estados mentais é o Mundo 2, o mundo dos objetos abstratos é o Mundo 3. O Mundo 1 interage com o Mundo 2, físico com mente, o Mundo 2 interage com o Mundo 3, mente com objetos abstratos. O Mundo 2, mente, é intermediário entre os Mundos 1 e 3, físico e objetos abstratos, esses últimos não interagem diretamente entre si.

Essa teoria pluralista vem ao encontro do ser trino: corpo, alma e espírito. O corpo e a alma interagem entre si, a alma e o espírito interagem entre si, o corpo e o espírito não, eles se interagem por intermédio da alma.

CORPO - SOMA

Com o suor do seu rosto você comerá o seu pão, até que volte à terra, visto que dela foi tirado; porque você é pó e ao pó voltará. (Gênesis 3:19)

A palavra corpo vem do latim corpus. E soma vem do grego e significa corpo vivo. O corpo não faz parte do metafísico, é o componente pertencente à matéria. Matéria é tudo que tem massa e ocupa um espaço. Dois corpos não ocupam o mesmo espaço. O corpo é o mais prático para entender, estamos em contato com ele a todo o momento. É composto por uma porção sólida e outra por volta de 75% de água.

O nosso corpo precisa eliminar toxinas, tudo que é nocivo ao organismo, por meio das fezes, urina, suor e outros. Os principais sinais vitais que comprovam a vida no corpo é a respiração e os batimentos do coração pulsando o sangue. O corpo preza pela homeostase, o equilíbrio e funcionamento coeso de todos os órgãos e sistemas.

Nosso corpo precisa de cuidados corriqueiros, diários, uma alimentação saudável nos horários adequados. É necessário beber água o suficiente para evitar a desidratação.

Precisamos de descanso, dormir, relaxar, diante da sobrecarga do dia. Ao mesmo tempo, o corpo não pode ficar sedentário, que é uma das piores causas de doenças. Temos um DNA biológico para correr dos predadores e caçar as presas. Além da luta pela vida e a busca pelo alimento, o corpo precisa praticar atividades físicas.

É preciso adquirir conhecimento sobre a medicina preventiva para evitar o adoecimento e não somente procurar a medicina curativa quando a doença já está instalada. É necessário prezar por uma qualidade de vida para promover a saúde física.

O corpo está na Terra para conviver com a natureza.

ALMA – PSIQUÊ

> Você não tem uma alma.
> Você é uma alma.
> Você tem um corpo. (C. S. Lewis)

Essa reflexão é coerente com tudo que estamos abordando. Temos um corpo, faz parte do Eu Tenho. Somos uma alma, faz parte do Eu Sou.

A alma ocupa um corpo neste mundo visível e material. É onde está a decisão legitimada pelo livre-arbítrio. É incorpórea, precisa do corpo para manifestar os pensamentos, sentimentos, emoções e desejos. Há vida no corpo pela existência de uma alma.

Somos a junção da porção herdada e da porção adquirida. A porção herdada são as características que nascemos com elas, amadurecemos e as aperfeiçoamos. Levaremos pelo resto de nossas vidas, a exemplo dos temperamentos e as inteligências múltiplas. A porção adquirida é fruto do meio, por meio do contexto familiar e social, aquisição do caráter e moral.

A palavra alma vem do grego, *psyche* (alma). No hebraico, *nephesh* (via ou criatura), e do latim, *animu* (o que anima).

A alma está conectada ao corpo. A alma interage com o mundo físico e social por meio dos cinco sentidos do corpo. Por mais que a pessoa não tenha um dos sentidos, caso fosse cega, surda, muda, comprometimento do olfato ou tato, um desses ou todos os sentidos inexistentes, ainda estaria vivo o corpo e principalmente a alma dentro de si.

A alma está conectada ao mundo do Ter, matéria, físico, exigências e sentidos do corpo, porém pode tornar-se desconectada dela mesma.

É necessário desconectar com o corpo para se conectar com a alma.

A alma almeja a construção de vínculos afetivos, ela necessita dos relacionamentos intrapessoal (eu com eu) e interpessoal (eu com o outro).

A alma possui suas necessidades e alimentos. Tem sede e fome de afeto. Precisa eliminar suas toxinas psíquicas, necessidades em descarregar e liberar suas cargas, tensões e estresse. O não cuidado com a alma leva a uma desnutrição afetiva e um adoecimento somatizado no corpo.

A alma está conectada ao corpo, pelo qual tem contato direto com o meio e a matéria. O clima, a sensação de perigo, o que os olhos veem e os ouvidos ouvem influenciam a alma.

A alma está na Terra para conviver com as pessoas.

ESPÍRITO – PNEUMA

> Semeia-se corpo natural, ressuscitará corpo espiritual. Se há corpo natural, há também corpo espiritual.
> (I Coríntios 15:44)

A palavra espírito vem do grego, pneuma, que significa vento. Os antigos pensadores gregos descreviam pneuma como sopro animador ou força criadora, a razão divina para vivificar e dirigir todas as coisas.

O espírito/pneuma distingue-se da alma/psique e do corpo/soma em uma concepção pluralista. A dimensão do espírito é o canal de elo com o extremo metafísico e é o oposto à matéria.

Assim como o corpo está para a matéria do reino animal, a alma está para os relacionamentos afetivos e o espírito está para o reino espiritual. O corpo é a nossa porção que busca relacionar-se com a natureza, a alma busca com as pessoas e o espírito com Deus.

A alma manifesta-se no corpo e pode interagir com o espírito. Existe um distanciamento tênue, uma ruptura entre a alma e o espírito, entre o ser humano e Deus, que ainda iremos abordar.

O reino espiritual é algo irreal para o natural e incompreensível para a mente humana. É necessário compreendermos o nosso espírito para investir e reconstruir o elo com o espiritual, essa comunicação e aliança com Deus.

Temos um espírito e precisamos dele para a completude do Eu Sou.

O ser humano precisa ser natural e viver o mundo do corpo, ser racional, intelectual e compreender sua mente, pensamentos, emoções e sentimentos da alma. E viver o mundo espiritual que existe e é real.

> Ora, o homem natural não compreende as coisas do Espírito de Deus, porque lhe parecem loucura; e nem pode entendê-las, porque elas se discernem espiritualmente.
> (I Coríntios 2:14)

O termo homem natural tem o sentido de ligação com o mundo matéria e intelecto, o homem corpo e alma. Esse não compreende as coisas do Espírito de Deus e o reino espiritual. Não pode entendê-las nem as discernir, tudo do espiritual é loucura.

Para compreender o espiritual e se comunicar com Deus, o ser humano precisa do espírito. É impossível para o homem natural comunicar-se com as coisas de Deus pelo fato de que tais coisas são do reino espiritual.

O espírito é o elo com o espiritual. É o canal de comunicação com Deus. É a porção de Deus no ser humano. Deus é espiritual, para interagir com Ele é preciso ter essa porção de espírito. É o espírito que faz o ser humano ser a imagem e semelhança de Deus.

O espírito tem fome e suas necessidades precisam ser supridas. O Eu Sou tem a necessidade de que o seu espírito atue nessa tricotomia. Não existe nada melhor do que ter esta sensibilidade com o espiritual, com a voz de Deus para atingirmos a segurança e a essência Dele em nós.

Os alimentos do espírito são tudo aquilo que nos aproxima de Deus, a Sua Palavra, oração, jejum, adoração e louvor a Ele. Precisamos buscar intensamente a Deus, estarmos a sós com Ele e termos um espírito saciado e vivo pela Presença do Pai de Amor.

O espírito está na Terra para conviver com Deus.

A INTERAÇÃO ENTRE CORPO, ALMA E ESPÍRITO À LUZ DA BÍBLIA

> Formou o Senhor Deus o homem do pó da terra, e soprou-lhe nas narinas o fôlego da vida; e o homem tornou-se alma vivente. (Gênesis 2:7)

Viemos do pó, a comprovação é que a grande maioria dos nutrientes que têm no corpo está na terra. A Bíblia atribui ao corpo como sendo o santuário do Espírito Santo, importa que sejamos santos assim como Ele é e Ele quer habitar e encontrar morada em nós.

Deus soprou nas narinas do corpo e o homem tornou-se alma vivente. A alma é que dá vida ao corpo. Sem a alma, o corpo está morto.

> E disse Deus: Façamos o homem à nossa imagem, conforme a nossa semelhança. E Deus criou o homem à sua imagem, à imagem de Deus o criou; homem e mulher os criou. (Gênesis 1:26-27)

Assim como Deus é Espírito, o ser humano tem um espírito. Sem o espírito não se pode comunicar com Deus nem ser Sua imagem e semelhança.

O corpo e a alma se reduzem aos cinco sentidos do mundo natural. A alma está conectada ao corpo. Ao morrer, a alma da pessoa se desconecta do corpo e se conecta ao espírito.

O espírito é imortal. Deus é imortal. O homem é imortal porque é espírito e é a imagem e semelhança de Deus.

Deus e o homem não podem se comunicar sem o espírito. O espírito é sensível à voz de Deus.

O corpo foi formado do pó da terra, a alma dá vida para o corpo e o espírito é o elo com Deus.

Deus delegou ao ser humano o livre-arbítrio, esse que irá inclinar suas escolhas para prevalecer o mundo do corpo, da alma ou do espírito. Nós decidimos em viver mais na vertente natural, nas escolhas da alma ou na inspiração do espírito.

Não podemos ser extremistas, viver somente o natural do corpo, o intelecto e emocional da alma ou o espiritual do espírito. Vive somente no mundo espiritual quem já morreu. Estamos aqui na Terra, temos o corpo e a alma para se viver e cuidar.

Assim como o versículo que inicia este capítulo descreve que o espírito, a alma e o corpo sejam plenamente conservados irrepreensíveis para a vinda do nosso Senhor Jesus Cristo, Deus quer que vivamos a intensidade de sua imagem e semelhança, a saúdes física, emocional e espiritual.

É possível alcançarmos o equilíbrio da vivência entre o corpo, a alma e o espírito, o equilíbrio do nosso Eu Sou Trino.

Nós somos biopsicossociais (corpo, alma e relação com o outro) e espirituais (relação com Deus). E a nossa saúde mental depende dos cuidados e da atenção a todas essas áreas.

QUEM É VOCÊ NO ESPELHO?

Mas como está escrito: As coisas que o olho não viu, e o ouvido não ouviu, e não subiram ao coração do homem, são as que Deus preparou para os que o amam. Mas Deus no-las revelou pelo seu Espírito; porque o Espírito penetra todas as coisas, ainda as profundezas de Deus. Porque qual dos homens sabe as coisas do homem, senão o espírito do homem que nele está? Assim também ninguém sabe as coisas de Deus, senão o Espírito de Deus. (I Coríntios 2:9-11)

CAPÍTULO 4

O MERGULHO NA PISCINA EMOCIONAL DA ALMA

EMOCIONAL DA ALMA
O MERGULHO NA PISCINA

CAPÍTULO 4:
O MERGULHO NA PISCINA EMOCIONAL DA ALMA

> Porque, assim como desce a chuva e a neve dos céus, e para lá não tornam, mas regam a terra, e a fazem produzir, e brotar, e dar semente ao semeador, e pão ao que come, assim será a minha palavra que sair da minha boca; ela não voltará para mim vazia, antes fará o que me apraz, e prosperará naquilo para que a enviei. (Provérbios 55:10 e 11)

Toda pessoa que não sabe nadar tem um temor de adentrar em uma piscina. A primeira preocupação é com a profundidade. A pessoa só vai até onde consegue ter a segurança do controle, até onde "dá pé". Para aprender a nadar, enfrenta-se o medo da água e do afogamento.

Aprender a nadar é um enfrentamento de temores até atingir a segurança de mergulhar e adentrar no fundo.

Faço uma analogia entre o mergulho na piscina com o mergulho no Eu Sou.

QUEM É VOCÊ NO ESPELHO?

Sempre quando se inicia o processo de autoconhecimento, tem-se o medo e a resistência, assim como há o medo de se afogar. Ao adentrar em si, vai até onde consiga ter segurança e não corra risco de perder o controle e ser sugado para o fundo do desconhecido da própria alma.

A piscina sem água é comparada à alma sem vida. A água da alma é o emocional. Não há vida sem a água nem sem o emocional. Não há alma sem a água do emocional.

Assim como a água está para a piscina, o emocional está para a alma.

Conhecer a si mesmo é ter a habilidade de um nadador que mergulha na piscina emocional da própria alma.

O texto bíblico do início deste capítulo descreve a vida que a água leva à terra por meio da chuva e a comparação que esses significados têm com a Palavra de Deus. Há uma identificação entre a água e a palavra. A Palavra de Deus é uma manifestação do Eu Sou do Criador.

O que Deus fala gera vida. Ele criou o mundo por meio da Sua palavra. Disse haja luz e houve luz, haja vida e houve vida, assim o Gênesis veio a existir. A palavra foi a manifestação da vontade de Deus. Assim como a água gera vida, a palavra gera vida.

Há algo muito profundo e rico na relação entre a água, a palavra e o emocional. A palavra é a manifestação do emocional do Eu Sou, pode gerar vida ou morte.

O PROFESSOR DE NATAÇÃO QUE NÃO SABIA NADAR

Todo professor de natação enfrentou o medo, deu suas primeiras braçadas, engoliu e vomitou muita água ou até se afogou.

Acaso viste um professor de natação que não saiba nadar?

Ele tem o conhecimento teórico, direciona seus alunos a fazer algo que não pratica e no momento em que um possa se afogar, negligencia seus pedidos de socorro, joga uma boia ou pula n'água e se afogam juntos.

Assim é uma pessoa que quer levar o outro a se conhecer e nunca enfrentou o medo, as primeiras braçadas, o engolir e vomitar muitas palavras, diante de um ajudador que o auxiliou na reconstrução do Eu Sou.

É o que ocorre nos momentos de confronto pessoal, o autoconhecimento se constrói por meio da palavra, a pessoa fala de si mesmo livremente, enfrentando todo medo e resistência. Mergulha na piscina emocional da alma, tendo na pessoa de confiança o seu professor de natação.

Só pode falar de dor quem enfrentou suas próprias dores. Só pode ensinar a nadar quem sabe nadar.

Existem pessoas que querem levar o outro a se conhecer e auxiliar em suas queixas, ensinar a mergulhar nas piscinas emocionais de suas almas, mas a pessoa mesmo não sabe nadar em sua própria piscina, não conhece a si mesmo.

Para ser um ajudador é necessário ter essa habilidade de nadar no conhecimento do seu próprio Eu Sou. A autoanálise, o mergulhar em si sem o outro, é limitada, precisamos olhar nos olhos do outro e ver ali o espelho da nossa alma.

O SIGNIFICADO DA PALAVRA PARA A ALMA

A palavra proferida nunca volta vazia, transmite comunicação e pode gerar vida ou morte. Nós somos o resultado das palavras que recebemos durante a vida.

QUEM É VOCÊ NO ESPELHO?

A criança não tem noção de sua autoimagem, é por meio das palavras que recebe que essa imagem de si é construída. Na infância recebe palavras que constroem crenças centrais, tornam-se verdades dentro de si que conduzirão seu comportamento, atitudes e escolhas.

As marcas da alma são deixadas pelas palavras lançadas, sejam de vida ou de morte, afirmação ou negação, aprovação ou desaprovação, aceitação ou rejeição, e, assim, é construída a identidade do Eu Sou.

Existem verdades dentro do íntimo da alma que são mentiras. Há pessoas que, por mais que sejam amadas e recebam mensagens de que Deus as ama, no seu emocional contém uma verdade de rejeição. Isso as impede de receber o nutriente afetivo até mesmo de Deus.

A mentira de ser rejeitado é mais forte e torna-se uma verdade inconsciente que cria uma barreira e impede de receber o amor verdadeiro.

A criança em que nela já foi construída uma verdade de rejeição poderá, na escola e em outros locais, cometer atitudes de indisciplina, agressividade ou isolamento. Nesses momentos, outras crianças e adultos irão censurá-la de tal forma que reproduzirão os mesmos comportamentos dos que geraram a rejeição dentro dela.

O comportamento dos outros alimenta o que ela tem em si, a verdade e crença de ser rejeitada. A criança reproduz nos outros comportamentos que fazem com que reafirmem essa verdade de rejeição.

É necessário sempre fazer o movimento contrário, atitudes que provocam o afastamento do outro é um pedido de carinho, acolhimento e aceitação. É necessário reeditar histórias e ter atitudes de desconstruir as verdades negativas e mentirosas.

A verdade que liberta está em conhecermos a mentira oculta que há em nós. Por isso, mergulhemos em nosso Imensurável Eu Sou.

PALAVRAS DITA, BENDITA, MALDITA E NÃO DITA

A palavra se transmite de diversas formas. Vamos abordar cada uma para compreender o significado da palavra para o emocional da alma.

Palavra Dita. É aquela pronunciada somente para se comunicar e não traz nenhum conteúdo emocional positivo ou negativo.

— Garçom, dê-me o cardápio.
— Por favor, que horas são?

Palavra Bendita. Vem de bendizer, de bênção. Toda palavra bendita traz um conteúdo emocional positivo que gera vida e abençoa o outro.

— Você é um sucesso!!!
— Você realizará seus sonhos. Continue firme.

Palavra Maldita. Vem de maldizer, de maldição. Toda palavra maldita traz um conteúdo emocional negativo que gera morte e amaldiçoa o outro.

— Você é um fracasso!!!
— Você não conquistará nada na vida. Você é um ninguém.

Palavra Não Dita. A palavra não dita é a palavra que não foi verbalizada, que está no íntimo da alma. É aquela que precisa ser falada e liberta, teve origem em alguma palavra de maldição que encontrou pouso e tornou-se raiz de morte.

A palavra não dita é como o peso que causa um segredo nunca revelado. Fica ali, represada e entalada, encapsulada, enraizada e rodeada de dores e histórias mal resolvidas, fazendo muito mal e gerando sentimentos negativos.

QUEM É VOCÊ NO ESPELHO?

A palavra é como a água. A água evapora, torna-se nuvem, cai em chuva, vai para os lagos, rios, mares e oceanos, e, assim, inicia-se o ciclo novamente. A água precisa sempre estar em movimento para ser potável. Caso a água fique parada, ela adoece, apodrece, tornando-se pântano, lodo, reservatório para a multiplicação de germes e doenças.

Assim é a palavra. Precisa estar sempre em movimento, gerando vida por onde ela passa. Para gerar vida e ser saudável, precisa ser liberada. Quando a palavra fica parada e retida, ela adoece a alma.

Tudo que é reprimido e recalcado aflora por meio de sintomas e desgastes de energia psíquica, até somatizar em um adoecimento da alma e/ou do corpo. Não devemos permitir que nossas dores e tristezas enraízem-se dentro de nós, corroam nosso emocional. Precisamos falar, comunicar, expressar sentimentos, emoções e pensamentos ocultos.

Não se cale. A relação intrapessoal, eu com eu, é extremamente importante para a relação interpessoal, eu com o outro. A alma não foi feita para viver só.

A saúde intrapessoal traz a saúde interpessoal. O relacionamento harmonioso consigo mesmo traz uma relação de paz com o outro.

No consciente está o conteúdo que não causa dor nem desconforto. As palavras ditas e benditas vêm da memória, do inconsciente, passam pelo pré-consciente, são pensadas e proferidas livremente, são palavras que estão em movimento, saudáveis e indolores.

As palavras que causam dor, desconforto, lembranças de tristezas, mágoas, não ficam em movimento, não têm livre trânsito do inconsciente para o consciente. Elas são barradas pelo pré-consciente, há uma resistência que impede que essas palavras se tornem conscientes.

Sabe o nó na garganta? Quando sentimos e engolimos seco? É a manifestação física de palavras não ditas que não conseguem passar pela triagem do pré-consciente e alcançar a libertação na verbalização. As palavras engolidas são as que precisam ser ditas, elas sufocam o peito, causando angústias.

As palavras não ditas precisam ser verbalizadas. A pessoa morre a cada dia engasgada com as palavras que não fala e afoga-se a cada lágrima não derramada.

Toda água e palavra têm suas fontes. As palavras benditas têm fontes saudáveis e as malditas, fontes adoecidas. A pessoa pode morrer sufocada no seu silêncio ou ser uma pessoa agressiva que amaldiçoa o outro.

Todo ferido fere. Fere a si mesmo e/ou o seu próximo. Toda pessoa expressa o que está no seu interior para o externo.

Há palavras não ditas que nem a pessoa tem consciência. Estão tão no profundo que não quer mergulhar nessa piscina emocional e se deparar com o reviver da história que deu origem a essa dor.

Tudo que é reprimido aflora em sintomas emocionais e/ou físicos. Nossa alma tem necessidade de falar, verbalizar sobre si, vomitar suas dores e temores.

Quantas vezes passamos por situações conflituosas, aperto no peito, angústia e, ao encontrar uma pessoa de confiança, desabafamos, falamos, choramos e derramamos dores em palavras e lágrimas.

O peso saiu pelas palavras. Assim como nosso corpo diariamente precisa tomar banho e se limpar da sujeira e dos odores, nossa alma precisa falar, verbalizar palavras que eliminam o peso emocional. Não é à toa que existe o ditado que diz que o choro lava a alma.

Ao desabafarmos, respiramos fundo, agradecemos à bênção que foi. Às vezes a pessoa até se assusta e alega que não fez nada, somente ouviu. Nossa alma tem uma grande necessidade de falar e ser ouvida.

Como dizia o teólogo, psicanalista e educador Rubem Alves, existem cursos de oratória, mas precisamos de cursos de "escutatória". As pessoas não têm habilidade de escutar o outro, não escutam a si mesmas e muito menos o próximo.

Falar e ser ouvido são as maiores manifestações de amor e acolhimento. Não podemos levar de um extremo ao outro, em tudo na vida é preciso encontrar um ponto de equilíbrio. Há a necessidade da alma falar, mas não devemos falar tudo e a todo momento.

Defendo os momentos de aliança entre ajudado e ajudador, intimidade em que falamos e expressamos nossa opinião e queixa em que possa oportunizar uma construção. Mas jamais a pessoa falar e agredir, reproduzir palavras malditas pelo simples fato de querer desabafar ou descarregar algo em alguém.

O instrumento da psicanálise é a cura pela fala. Freud conceituou a livre associação, falando livremente, enfrentando as resistências. A pessoa conhece a si mesma, pode modificar sua personalidade e se curar.

A Bíblia é rica na sabedoria da cura pela fala, confessar e ser curado.

> **O silêncio pode ser o remédio de muita coisa, use-o quando necessário. O silêncio também pode ser o veneno de outras coisas, quebre-o quando for necessário. Sabedoria é discernir a hora dos dois. (Zoe Lilly)**

AS LINGUAGENS DO CONSCIENTE E DO INCONSCIENTE DA ALMA

A linguagem do consciente e do inconsciente são, respectivamente, a verbal e a não verbal ou simbólica.

A pessoa, ao falar conscientemente com o outro, o seu inconsciente fala também. Pode ser uma linguagem coerente entre consciente e inconsciente ou incoerente, um fala algo e o outro, o oposto.

O consciente se comunica com conteúdo concreto e claro que transmite uma comunicação de acordo com o que quer se expressar. O inconsciente se comunica com um conteúdo abstrato e obscuro, nem sempre fala em consonância com a linguagem do consciente.

Quando o consciente fala a palavra bendita e o inconsciente transmite uma mensagem com conteúdo positivo, quando um fala a palavra maldita e o outro está transmitindo uma mensagem com conteúdo negativo, tem-se a linguagem real e coerente.

O que há de adoecedor na relação com o outro e consigo mesmo é a duplicidade de linguagem.

Há uma mensagem consciente de palavra bendita, mas que leva inconscientemente uma palavra maldita. Quando há uma palavra de elogio, mas os olhos comunicam uma mensagem de crítica e desaprovação, a boca fala conscientemente uma palavra bendita e os olhos falam inconscientemente uma maldita.

A linguagem verbal é a linguagem do consciente, é transmitida com a razão. É real e se comunica nas relações afetivas.

A linguagem não verbal ou simbólica é a linguagem do inconsciente. A linguagem simbólica não é transmitida pelo consciente verbalizado, o inconsciente fala por símbolos, não verbalizados e ocultos. Para se ouvir é necessário decifrar.

A linguagem verbal é toda palavra transmitida pela comunicação por palavras, gestos, posicionamentos, expressões faciais e corporais, que a pessoa faz com a intenção consciente de transmitir.

A linguagem não verbal nem sempre é transmitida pela comunicação por palavras, mas por gestos, posicionamentos, expressões faciais e corporais em que a pessoa não tem a intenção consciente de transmitir, mas o inconsciente pronuncia.

A linguagem simbólica ou não verbal pode ser manifestada pelo lúdico, por meio de desenho, jogos, brinquedos. Pode ser por meio do corpo, o corpo fala. Não só a boca, todas as partes falam. Pode falar pelas roupas, comportamento, aperto de mão, firmeza ou não ao pisar, tom de voz.

Outra forma intensa da linguagem simbólica do inconsciente são os sonhos. Os sonhos são resquícios manifestos pelo inconsciente em que a pessoa não faz em estado consciente e real quando se está acordada.

A linguagem não verbal nos sonhos não é geral nem universal. Para uma pessoa que sonha com um castelo, isso pode significar segurança. E para outra, prisão. Os símbolos possuem vertentes inconscientes diferentes de uma pessoa para outra, depende de questões culturais e históricos vivenciados.

Quando se transmite amor pela linguagem verbal e a linguagem não verbal é coerente, ou seja, o consciente e o inconsciente demonstram amor, torna-se uma comunicação única e saudável. O mesmo acontece quando a pessoa transmite ódio com palavras e expressões. Torna-se uma linguagem por meio da qual o outro consciente e inconscientemente consegue definir a intenção da pessoa. São linguagens claras e coerentes.

Quando se transmite uma linguagem verbal de amor, mas a linguagem não verbal não corresponde, aquele abraço físico, mas afetivamente gelado e não acolhedor, a pessoa verbaliza algo de apoio, porém os gestos demonstram falsidade. O discurso distante das atitudes. Diz que ama, mas rejeita. São duplicidades de linguagens obscuras e incoerentes.

A linguagem do inconsciente é forte, viva, real e enigmática. O inconsciente é a porção maior e mais influenciadora da alma. Mergulhar na piscina emocional da alma é deparar-se com um enigma a ser decifrado.

Conhecer o inconsciente da alma é se ver no espelho em enigma. Encontra-se aqui o medo da alma e a negação de si mesmo, fuga do Eu Sou e refúgio adoecedor no Eu Tenho.

O inconsciente influencia até mesmo o que está no consciente.

> Ah! Como as entrelinhas são importantes! São nelas que estão escritas as coisas que só a Alma pode entender. (Rubem Alves)

A NECESSIDADE DE SABER E O MEDO DO CONHECIMENTO

O ser humano tem uma necessidade de saber desde bebê. Ao nascer há dependência total da mãe. Ele é curioso, busca com seu olhar e com suas mãos a capitação e o apalpar do que é diferente. Conforme vai crescendo e adquirindo autonomia, distancia-se de seus cuidadores para explorar o ambiente ao redor.

A necessidade de saber é real e latente, mas o conhecimento tem um preço. Quem mais sabe, mais é cobrado, mais tem visão e enxerga até aquilo que não gostaria de saber.

QUEM É VOCÊ NO ESPELHO?

Freud teve uma grande descoberta sobre a curiosidade e até mesmo o medo de nos conhecer como causa de muitos conflitos psicológicos.

No capítulo 5 de seu livro *Introdução à psicologia do ser*, escrito em 1963, Abram Maslow descreve sobre o tema, a necessidade de saber e o medo do conhecimento. Ele relata que o medo do conhecimento de nós mesmos é comparado ao medo do mundo externo. Os problemas internos e os externos são similares e associam-se entre si. Há uma relação entre o medo do mundo íntimo e o medo do mundo externo.

> Em geral, essa espécie de medo é defensiva, no sentido de que constitui uma proteção de nossa autoestima, de nosso amor e respeito por nós próprios. Somos propensos a temer qualquer conhecimento que possa causar o desprezo por nós próprios, fazer sentirmo-nos inferiores, fracos, inúteis, maus, indignos. Protegemo-nos à imagem ideal que temos de nós próprios pela repressão e outras defesas semelhantes, as quais são, essencialmente, técnicas pelas quais evitamos ficar cônscios de verdades perigosas ou desagradáveis.
>
> (Abraham Maslow, 1963, p. 87)

Ele descreve outra espécie de verdade que resistimos, não só nos defendemos dos conflitos e tensões, mas também tendemos a evitar nosso desenvolvimento pessoal. É uma negação do nosso lado melhor, nossos talentos, potencialidades e criatividade. É a luta contra nossa própria grandeza.

Maslow defende que na evitação do conhecimento há o medo da responsabilidade. Afirma que há uma estreita relação entre saber e fazer, é melhor não saber, porque teremos que atuar.

> As grandes decisões são tomadas em momentos de grandes dilemas, quando o homem decide ser o que sempre quis e deixa de ser o que sempre foi.
> (Edival Jacinto)

Como descreve a reflexão acima de um grande amigo meu, os grandes dilemas são convites para o autoconhecimento e para as grandes decisões de mudanças, o saber e a responsabilidade de fazer e agir.

De que adianta se conhecer e continuar sendo o mesmo?

O conhecimento não incomoda somente a nós por termos a responsabilidade de agir, incomoda o outro, aquele que não é saudável e autônomo, os invejosos vigilantes deste mundo tenebroso, que não querem crescer e tentam impedir o crescimento do outro.

É preciso coragem e vontade. Deus almeja que nos confrontemos e encontremos se há em nós algum caminho mal. Estejamos no centro de Sua vontade, livrando-nos dos grilhões, das lanças da inveja e dos dardos inflamados do maligno.

Libertemo-nos do Egito, passemos pelo Deserto, enfrentemos o Sentimento de Gafanhoto, os Gigantes, e conquistemos a Terra Prometida da nossa Alma.

> Não to mandei eu? Esforça-te, e tem bom ânimo; não temas, nem te espantes; porque o Senhor teu Deus é contigo, por onde quer que andares.
> (Josué 1:9)

CAPÍTULO 5: AS ESTRUTURAS FUNDAMENTAIS DA ALMA

CAPÍTULO 5:

AS ESTRUTURAS FUNDAMENTAIS DA ALMA

> Ah, entranhas minhas, entranhas minhas! Estou com dores no meu coração! O meu coração se agita em mim. Não posso me calar; porque tu, oh, minha alma, ouviste o som da trombeta e o alarido da guerra.
> (Jeremias 4:21)

Para descrever as formas e compreender as funções e o funcionamento do corpo, recorremos à anatomia e à fisiologia. A anatomia estuda o corpo morto, disseca os órgãos para descrever suas formas. A fisiologia estuda o corpo vivo, como os órgãos funcionam nos sistemas.

Assim como há o conhecimento da anatomia e fisiologia do corpo, é necessário conhecermos as formas e o funcionamento da alma. Sabemos que o corpo e a alma são conectados e podemos relacionar partes do corpo e suas funções diretamente às estruturas da alma. Há uma conexão entre corpo e alma, físico e emocional.

Podemos observar, no versículo citado, que houve estímulo no ambiente, o som da trombeta e do alarido da guerra foi ouvido. O mesmo provocou reações nos órgãos do corpo e nas emoções na alma. O evento aversivo trouxe abalo nas entranhas, dores e agitação no coração, angústia e ansiedade pelo que possivelmente aconteceria.

Diante dessa dinâmica surgiu o desejo de ecoar o grito, a necessidade de verbalizar e não poder se calar, dar o alerta de fuga ou enfrentamento, liberar essa descarga de emoções e adrenalina na alma e no corpo.

Nossa vida é assim, as circunstâncias as quais somos acometidos trazem envolvimento e abalo aos órgãos do corpo e às estruturas fundamentais da alma.

AFETIVIDADE E EMOCIONAL

Quando perguntamos às pessoas sobre afetividade, surgem as seguintes palavras como respostas: amor, carinho, abraço, beijo, solidariedade, companheirismo, aceitação, elogios e outras.

Afetividade tem duas vertentes, não somente aquela que sabemos. Há as vertentes positiva e a negativa. Assim como amor é afeto, ódio também é. Há aceitação e rejeição, carinho e agressividade, solidariedade e egoísmo.

A afetividade é a manifestação do emocional na vertente agradável ou desagradável da relação consigo e com o outro.

O nosso corpo possui dois tipos de sangue, o arterial e o venoso. O arterial é o sangue "limpo" que leva os nutrientes e o oxigênio a toda parte do corpo, ele é conduzido nas artérias. O sangue venoso é o "sujo", que leva os conteúdos nocivos e o gás carbônico que precisam ser eliminados, ele é conduzido nas veias.

Esse mesmo processo anatômico e fisiológico do corpo acontece na alma. A alma, simbolicamente, tem um coração e o sangue representa o emocional. Nas "veias e aortas" da alma correm as emoções no sistema circulatório emocional. Assim como o corpo tem sangue arterial e venoso, a alma tem emoções positivas e negativas, emoções de prazer e de agressividade, de vida e de morte.

É o que Freud conceituou como pulsão de vida e pulsão de morte, prazer e agressividade. As emoções de vida produzem saúde e as de morte precisam ser eliminadas da alma.

O estado emocional da alma interfere diretamente no funcionamento do corpo, a exemplo dos sistemas respiratório e circulatório.

A afetividade tem origem no útero da mãe. As expectativas pela chegada do bebê, o emocional da mãe e as situações no meio externo constroem o sentido afetivo para a criança.

Essa criança necessita ter segurança de que há alguém constantemente ao seu lado, que esse ser afetivo não a abandonará, principalmente nos primeiros anos de vida. Os cuidados básicos, colo, seio, vozes da mãe, pai e demais membros familiares fazem parte desse composto de afetividade que envolve o início da vida.

Assim como houve o trauma do nascimento, a perda do útero, há a angústia de ser deixado. O ser humano necessita desta segurança de ser amado, ter afeto por alguém e ser correspondido ao afeto investido. A afetividade tem um caráter infantil de necessidade de pertencimento.

Conforme o nível de insegurança de afeto nas primeiras vivências ou durante a vida, as pessoas têm a sua afetividade associada à angústia do medo de perder. Há pessoas que enquanto adultos precisam constantemente dessa comprovação de amor, devido ao medo do abandono diante das inseguranças de afeto não recebido.

Estar presente e ser afetivo, tocar e reforçar o vínculo afetivo são necessidades da nossa alma. A afetividade é construída nos níveis de intimidade das relações familiares e sociais.

A afetividade é o alimento para o emocional da alma.

EMOÇÕES E SENTIMENTOS

Emoções são manifestações no organismo resultadas de situações ocorridas no ambiente. Essas manifestações direcionam o comportamento para a capacidade de se adaptar às mudanças ambientais. As emoções ajudam a nos relacionar, sobreviver e interagir com o meio em que vivemos.

Se você estiver no oitavo andar de um prédio, após sair do elevador e avistar no final do corredor muita fumaça, em questões de segundos essa situação no ambiente provocará um estado de alerta. Há uma descarga de adrenalina no corpo e de ansiedade na alma. A pessoa decidirá se enfrentará a fumaça para ver a gravidade da situação, se há fogo e vítimas, ou fugirá pelas escadas.

Houve uma situação de fumaça no ambiente que provocou um estado de alerta que gerou uma ansiedade. Ansiedade no limite certo é saudável, é esse estado de fuga ou enfrentamento necessário diante de uma ameaça à sobrevivência.

Existem sete emoções básicas encontradas em todo mundo, todas são iguais e facilmente identificadas na face humana. São elas: raiva, nojo, desprezo, tristeza, susto, felicidade e medo. Além dessas emoções, há outras que variam de acordo com a cultura, a culpa e a vergonha.

Os sentimentos são resultados das interpretações de experiências subjetivas que temos ao vivenciarmos uma emoção. Quando dizemos que estamos nos sentindo tristes é a expressão da interpretação do que aconteceu emocionalmente diante de um fato vivenciado no meio, como uma situação de humilhação ou de perda.

Emoções todos têm diante de uma situação. O sentimento varia de pessoa para pessoa na intensidade da interpretação sentida de acordo com sua estrutura psíquica que se tem ante uma emoção e a situação ocorrida.

Se acontecer um acidente com um ônibus, todos os passageiros terão relativamente as mesmas emoções. No entanto, a intensidade dos sentimentos e as reações comportamentais serão diferentes de acordo com a interpretação baseada na estrutura psíquica de cada um.

AS CRENÇAS CENTRAIS E OS PENSAMENTOS AUTOMÁTICOS

Aaron Beck é um médico psiquiatra, filho de judeus, nasceu em 18 de julho de 1921 nos Estados Unidos. Ele revolucionou a psiquiatria e a psicologia ao redor do mundo.

No livro *Terapia cognitivo-comportamental – Teoria e prática*, de autoria de sua filha Judith S. Beck, apresentou sua abordagem, que procura produzir de várias formas uma mudança no pensamento e no sistema de crenças do paciente, a fim de conquistar resultados positivos. Os pensamentos podem ser disfuncionais e influenciar negativamente, as pessoas precisam aprender a avaliá-los e obter uma melhora em seu estado de humor, emocional e comportamental.

Beck defende que aprendemos cognitivamente as nossas crenças centrais que geram os pensamentos em conformidade ao que elas comandam. Para ele, as crenças centrais são como as verdades que temos sobre nós mesmos, elas definem, no que, como que e do que pensamos a nosso respeito, sobre o nosso próximo, o mundo, o futuro e, eu acrescento, sobre Deus.

E, ainda, após uma situação, as crenças centrais podem ser evocadas e gerar pensamentos automáticos, esses determinam as ações e reações da pessoa, fisiológicas, psicológicas, emocionais e comportamentais.

A criança não tem noção de sua própria imagem, é nessa fase que são desenvolvidas as suas verdades. As crenças centrais surgem no conteúdo que nos são passados na infância, essas interpretações tornam-se duradouras e profundas.

> No começo da infância, as crianças desenvolvem determinadas ideias sobre si mesmas, sobre as outras pessoas e o seu mundo. As suas crenças mais centrais, ou crenças nucleares, são compreensões duradouras tão fundamentais e profundas que frequentemente não são articuladas nem para si mesmo. A pessoa considera essas crenças como verdades absolutas – é como as coisas "são"
> (Beck, 1987. p. 52).

Beck (1999, p. 248) define crenças centrais como as ideias que a pessoa tem sobre si, estruturadas cognitivamente dentro de sua mente, e diferencia duas amplas categorias: desamparo e incapacidade de ser amado. E ainda uma terceira categoria: associada ao desvalor (J.S. Beck, 2005, p. 248).

Quando a pessoa está bem, essas crenças centrais não são evocadas. As crenças centrais negativas podem se manifestar em momentos de vulnerabilidade emocional ou diante de um mal-estar. A terapia cognitivo-comportamental procura questionar os pensamentos que são pistas para ter acesso às crenças centrais negativas, desvencilhar pensamentos disfuncionais e ter uma interpretação verdadeira e ampla das situações.

A pessoa pode ter crenças centrais negativas de si mesma, "eu sou incapaz", dos outros, "as pessoas são traidoras", do mundo, "o mundo é injusto", do futuro, "não conquistarei nada na vida", de Deus, "Deus é vingativo", depende das verdades que foram construídas cognitivamente em sua mente na infância e durante sua vida.

É um grande desafio desconstruir essas crenças centrais negativas em centrais positivas a fim de alcançarmos pensamentos, humor, comportamento, emoções e posicionamentos positivos.

Segundo Aaron Beck: o **vocábulo cognitivo, derivado da palavra latina cognitione, que significa ideia ou pensamento, refere-se à maneira pela qual as pessoas emitem juízos e tomam decisões e à maneira pela qual interpretam – acertada ou equivocadamente – as atitudes e atos das outras pessoas.**

PARA ENTENDER MELHOR!!!

> Não é a situação em si que determina o que a pessoa sente, mas como ela interpreta a situação
> (Beck, 1964; Ellis, 1962, p. 62)

Podemos propor como exemplo um grupo de estudo. O professor leva um texto fotocopiado e distribui. Ele calculou errado a quantidade e faltaram três cópias. As três pessoas que ficaram sem receber podem ter interpretações e reações diferentes.

A primeira interpreta realisticamente a situação com pensamentos funcionais e assertivos, avisa que ficou sem e solicita uma cópia para acompanhar o exercício. Após a primeira pessoa se pronunciar, o grupo aponta as duas que também ficaram sem.

A segunda não se manifesta, não pede, mesmo que discretamente, uma cópia. Diante da atenção voltada a ela, fala para não se preocuparem, pois não quer incomodar. Acompanhará a leitura com a amiga ao lado e depois tirará uma cópia. Fica constrangida e sente um frio na barriga.

A terceira pessoa fica irada e muito chateada, com emoções abaladas por um forte sentimento de rejeição. Um sofrimento silencioso e neutralizante. Suas mãos começam a suar e sente um aperto no peito, deseja sair correndo da sala. Após ser apontada por não receber a cópia, fica paralisada, não fala uma palavra, tenta não permitir que percebam seus pensamentos e sentimentos.

Podemos constatar uma situação única e as três pessoas apresentam reações e interpretações diferentes. Tudo depende da crença central que há em cada uma, a forma como a pessoa pensa sobre si mesma e os pensamentos automáticos que interpretam a situação.

A primeira pessoa não manifesta pensamentos disfuncionais nem crenças centrais negativas. Sua autonomia para exigir direitos e se posicionar perante a vida é positiva.

A segunda pessoa aparenta ter uma crença central, "eu sou um incômodo". Só se tornou percebida quando a primeira pessoa exigiu uma cópia. Seus pensamentos automáticos e suas emoções causaram uma apatia e timidez de não dever incomodar e precisava passar despercebida.

A terceira pessoa apresentou pensamentos automáticos disfuncionais e demonstrou uma crença central, "eu sou rejeitado". Seu estado de humor tornou-se ira, comportamento de paralisação, emoção de angústia e desejo de fuga.

A situação em si não determina diretamente como elas se sentem ou o que fazem, a resposta de cada uma é mediada pela interpretação em seus pensamentos e percepção da situação em suas crenças centrais. O que vêm de imediato à mente são os pensamentos automáticos que interpretam a situação, originados das crenças centrais, e que influenciam o humor, as emoções, o comportamento e as reações no corpo.

A primeira pessoa não evocou uma crença central negativa. As outras duas, sim. Uma evocou uma crença central de desvalor e a outra de desamparo. Todas essas reações são o modelo cognitivo, a situação, as crenças centrais, os pensamentos automáticos e as reações emocional, comportamental e fisiológica.

As crenças centrais negativas evocam pensamentos automáticos com distorções cognitivas, interpretações que podem acionar gatilhos que trazem sofismas em nossa psique. Sofismas são ilusões da verdade, aparentam uma lógica diante do que vemos, mas na realidade é uma estrutura interna inconsciente, incorreta e enganosa a nossa interpretação dos fatos.

Existem várias distorções cognitivas. Um exemplo é a leitura mental, a pessoa pensa que sabe o que as pessoas pensam dela sem ter evidências. Uma pessoa entra numa sala e avista um grupo de pessoas dando risadas, já pensa que estão rindo dela, quando na verdade nem perceberam sua presença. Existe o fato, a interpretação é o sentimento que temos baseado nas nossas crenças centrais.

TRÊS PILARES IMPORTANTES DA ALMA: COGNITIVO, AFETIVO E VOLITIVO

Existem três importantes pilares da alma: o cognitivo, o afetivo e o volitivo. São onde encontramos as nossas forças e as fraquezas. Esses três pilares têm suas necessidades de alimentação e cuidado.

O equilíbrio e zelo por cada um desses pilares contribuem para a base da autoestima e autoimagem positivas. Compreender esse conteúdo é fundamental para uma educação emocional e uma melhor relação do eu com o eu e do eu com o outro.

COGNITIVO: CÉREBRO E MENTE

> Porque como imagina em sua alma, assim ele é; ele te diz: Come e bebe; mas o seu coração não está contigo.
> (Provérbios 23:7)

Esse versículo refere-se à mente, à imaginação nos pensamentos e às suas influências na determinação da autoimagem. A pessoa torna-se o que pensa a seu próprio respeito. O pensamento determina o que Eu Sou.

E se eu lhe pedir para colocar a mão em sua mente? Tenho certeza que colocará em sua testa. Pode-se considerar que a mente se localiza fisicamente no cérebro. Faz parte da mente a porção cognitiva: os pensamentos, a imaginação, o intelecto, a aprendizagem, a memória, o raciocínio, a inteligência, a consciência e a razão.

Assim como o cérebro comanda o corpo por meio dos seus impulsos nervosos, a mente comanda os instintos psíquicos da alma.

A cabeça é a parte do corpo onde está o cérebro e é a parte da alma onde está a mente. Este é um pilar importante da alma, o cognitivo.

É no cognitivo onde está o sentido de competência. É onde se manifestam as habilidades em desenvolver tarefas diversas, profissionalismo, talentos, dons e ocupação. É por meio do cognitivo que a pessoa interage com o ambiente para aprender, executar e produzir.

Quando a pessoa pensa e raciocina muito, queixa-se que está com a mente cansada e sente dor de cabeça. É a conexão entre mente e cérebro.

AFETIVO: CORAÇÃO E EMOCIONAL

Acima de tudo, guarde o seu coração,
pois dele depende toda a sua vida. (Provérbios 4:23)

Conforme já refletido, o coração pulsa todo o sangue no corpo, suas batidas são um dos principais sinais vitais. O afetivo da alma é comparado ao coração e ao sangue, que pulsa nas veias e artérias psíquicas, representando o emocional. O afetivo pulsa o emocional, que é o sangue da alma.

É no afetivo onde está o sentido de valor. É onde o ser humano manifesta sua afetividade, emoções e sentimentos.

O coração do corpo é onde se localiza o afetivo da alma. Quando uma pessoa relata que está sentindo uma angústia, ela descreve uma somatização em seu corpo como um aperto e uma dor no coração.

Assim como existe a caixa preta de um avião, o afetivo é considerado a caixa preta da alma. Estão ali as marcas e os marcos da história de vida. O afetivo tem sua necessidade em se relacionar com o outro. É a porção onde se constroem as relações e as trocas afetivas.

VOLITIVO: VENTRE E VONTADE

A esperança adiada desfalece o coração, mas o desejo atendido é árvore de vida. (Provérbios 13:12)

O volitivo se localiza no corpo por meio do ventre. É onde estão os órgãos de alimentação, nutrição, prazer e fertilidade. É nessa área onde se concentram a vontade e os desejos, é onde está a ação de gerar.

É no ventre onde se localiza o umbigo, marco físico e emocional da conexão ao útero e da perda do mesmo. O volitivo tem sua porção inicial no cordão umbilical. É no volitivo onde está o sentido de pertencimento.

O ventre almeja o amparo e a certeza da segurança. Quando a pessoa está com medo e ansiosa diante de uma ameaça, há a somatização do famoso frio na barriga, no ventre, que afeta o sistema digestivo.

PENSAMENTO, SENTIMENTO E COMPORTAMENTO

Não podemos impedir que os pássaros voem sobre nossas cabeças, mas podemos impedir que eles façam ninhos sobre elas. Assim também não podemos nos livrar de sermos tentados, mas podemos lutar para não cairmos em tentações. (Martinho Lutero)

Martinho Lutero foi um poeta ao redigir essa reflexão. É a descrição simbólica dos pensamentos e dos sentimentos.

Os pássaros representam os pensamentos; a cabeça, a mente, e o ninho, o fortalecimento desses pensamentos na mente. O próximo passo é o aprofundar de um pensamento para um sentimento no afetivo e um desejo no ventre. Esse é o percurso na psique da alma: pensar, sentir, desejar e executar.

Existem os movimentos que vêm do externo, são as situações e os pensamentos intrusivos que chegam à mente provocados por um estímulo do meio, e que vêm do interno, são os pensamentos oriundos das crenças centrais, do inconsciente e dos sentimentos.

Quando uma pessoa oferece um doce, a outra vê, pensa (cognitivo) se pode ou não, sente (afetivo), deseja (volitivo) e decide se comerá. Começa com um estímulo externo para pensar, sentir, desejar e executar.

Existem os pensamentos intrusivos, são aqueles que vêm à mente e não se tem o controle nem sabemos de onde vêm.

Quero citar um exemplo simples: e se eu lhe pedir para não pensar em algo? Veja bem, você não pode pensar. Leia devagar e faça o teste. Ok?

Não pense em um cavalo!!!

Não pense em um cavalo preto!!!

Não pense em um cavalo preto com manchas brancas!!!

Não pense em um cavalo preto com manchas brancas correndo em uma praia!!!

O que aconteceu? Você consegue não pensar?

Acredito que não. Quando pedi para não pensar em um cavalo com certeza veio à sua mente a figura de um cavalo. Conforme fui acrescentando mais informações, as mesmas foram sendo construídas na mente.

Por mais que resistia e tentava pensar em algo diferente, o pensamento inicial era o que se apresentava na leitura à frente.

Esses são os pensamentos intrusivos, eles vêm de algum estímulo atual ou não. Nós não temos controle sobre eles em nossa mente.

Na frase é descrito que não podemos impedir que os pássaros pousem na nossa cabeça, mas podemos impedi-los que façam ninhos. O fato de não termos controle que os pensamentos intrusivos adentrem a nossa mente não significa que não podemos impedir que criem raízes.

Um pensamento na mente pode ter força se o alimentamos a ponto de transformar em sentimento e depois em desejo. Mente, coração e ventre, eu penso, seu sinto, eu desejo e depois executo. Tudo começa na mente, depois no coração e no ventre: pensamento, sentimento, vontade e comportamento.

São essas ações que se interagem — pensamento, sentimento, vontade e comportamento — nas áreas do cognitivo, afetivo e volitivo.

O pensamento é a ação ensaiando. (Sigmund Freud)

PERTENCIMENTO, VALOR E COMPETÊNCIA

Eu sou do meu Amado, e o meu Amado é meu; Ele apascenta entre os lírios. (Cânticos 6:3)

Josh Macdowel, evangelista evangélico protestante, nascido em 17 de agosto de 1939 nos Estados Unidos, é autor e coautor de mais de 150 livros. Em seu livro *Construindo uma Nova Imagem Pessoal*, ele apresenta a tríplice base da autoimagem e da autoestima, que são o pertencimento, valor e competência.

Cada área tem sua ação, sentido e necessidade na construção do bem-estar do organismo psíquico.

O volitivo é a área da vontade com o significado de pertencimento. O afetivo é a área do emocional com o significado de valor. O cognitivo é a área da mente com o significado de competência.

A alma tem essas três carências: a competência pelo que faz, o valor pelo que é, e o pertencimento, que é a base para todas as outras, a intimidade de amar e ser amado.

O Eu Sou precisa investir e gerir essas três áreas fundamentais da alma. As três porções que constituem a autoestima e a autoimagem.

No mundo do Eu Tenho, é cultural valorizar mais a área cognitiva, a significância de competência. Quem atinge seu potencial de fazer e produzir é mais aceito e benquisto. As pessoas buscam investir mais nessa área, é onde está a exigência do mundo do Ter.

No mundo do Ter, as pessoas são valorizadas pelo que têm, fazem, conquistam e progridem. Desde criança são estimulados a inteligência e o intelecto. Nem sempre as crianças são reforçadas em suas significâncias de valor e pertencimento.

As pessoas entram num ciclo de busca da competência para serem aceitas e amadas.

É natural encontrarmos pessoas que conquistaram títulos, fama, dinheiro, mas têm autoestima baixa, pois somente investiram na área da competência e são carentes no valor e no pertencimento.

A base da autoestima do Eu Sou está na construção do pertencimento, no volitivo suprido pela segurança de intimidade, conhecer e ser conhecido e pertencer e ser pertencido a alguém.

O Eu Sou necessita do valor ao outro. Estar o afetivo suprido na relação com seu grupo de relacionamentos mais próximos.

O Eu Sou necessita da competência pelo que faz, do cognitivo suprido pelas suas habilidades estimuladas e realizadas perante o grupo a que faz parte.

A base fundamental para o Eu Sou é o amor da intimidade do pertencimento no ventre do volitivo. Deus é Amor, nossa essência é o Amor. A busca da construção dessa relação afetiva íntima é a necessidade básica de cada um de nós.

O sentido de pertencimento é a base estrutural para o Eu Sou e o que fere essa segurança primordial são as raízes de rejeição, encravadas nas feridas ocultas. Diante desses percalços, o ser humano se refugia na busca da competência para compensar a fuga do não pertencimento.

É necessário mergulhar na piscina emocional, enfrentar o oculto da alma e buscar o suprir da necessidade de pertencer. Nosso Eu Sou tem a essência de pertencer ao Criador, o real sentido de ser do nosso Amado Deus e o nosso Amado ser nosso.

Por mais que os responsáveis pela construção de pertencimento nos rejeitem e nos abandonem, Deus nos acolhe. Ele retorna no tempo e no interior da nossa alma e vai lá na situação levar a cura das crenças centrais negativas, liberando nosso coração para retomar o sentido de pertencimento e viver o Verdadeiro Amor.

O Eu Sou tem a base de necessidade de pertencimento a Deus.

Ainda que meu pai e minha mãe me abandonassem, o Senhor me acolheria. (Salmos 27:10)

CAPÍTULO 6

O QUE É O ESPELHO?
E O ESPELHO?

CAPÍTULO 6:

E O ESPELHO?
O QUE É O ESPELHO?

> Mas todos nós, com rosto descoberto, refletindo como um espelho a glória do Senhor, somos transformados de glória em glória na mesma imagem, como pelo Espírito do Senhor. (II Coríntios 3:18)

Somos criados para sermos espelhos que refletem a Glória de Deus. Cada vez que nos aproximamos de Deus, enxergamos o que há de iniquidade em nós e somos confrontados para sermos purificados e reconquistarmos a imagem e semelhança Dele. Buscamos nos tornar como Ele é, fazer Sua Vontade e Ser o que Ele quer que sejamos.

Torna-se espelho toda pessoa que é considerada modelo e exemplo de vida. Uma situação pode tornar-se espelho, quando demonstra um ensinamento a ser seguido.

Há espelhos na Natureza, os espelhos d'água que refletem as paisagens em suas águas cristalinas e a lua que reflete o brilho do sol.

QUEM É VOCÊ NO ESPELHO?

O espelho é definido como vidro metalizado, metal polido, qualquer superfície que reproduz nitidamente imagens colocadas diante dela.

A palavra espelho vem do latim *speculum*, que significa especular. Especular é a busca das origens, das causas e da profundidade, não apenas a imagem aparente, mas o que está por trás do que se vê.

O Céu é o Espelho da Terra. Deus é o Espelho do Ser Humano.

O REFLEXO INVERTIDO NO ESPELHO E OS MECANISMOS DE DEFESA

O reflexo no espelho é invertido, não se apresenta na posição correta. A alma se vê em imagem opaca, quando se depara com algo que causa desconforto e não quer enxergar o conteúdo psíquico real.

A alma se protege da imagem indesejada e considerada ruim, utilizando-se dos mecanismos de defesa. São ações psicológicas que maquiam o que não se consegue lidar nem quer enxergar em si mesmo.

Os mecanismos de defesa são jogos de máscaras pelo fato de não encontrar soluções para conflitos não resolvidos. Existem vários, abaixo alguns importantes para a compreensão do tema deste livro.

- **REPRESSÃO:** é o distanciamento do que causa desconforto, angústia ou ansiedade para o inconsciente, deixando longe do consciente. A pessoa tem dificuldades em lidar com lembranças passadas e as condicionam ao esquecimento.

O que é recalcado e reprimido pode não estar no consciente, mas não é inexistente e manifesta-se na linguagem, comportamento, escolhas e outros lugares. É o mecanismo de defesa coadjuvante, presente em tudo.

- **PROJEÇÃO:** a pessoa atribui à outra aquilo que reprime e nega para si mesma. Sendo esses componentes desconhecidos da pessoa, ela os projeta na outra, como forma de evitar o desprazer do contato direto. Enxerga as falhas do outro, mas não reconhece que tem as mesmas imperfeições. A pessoa olha ao outro para não ter que olhar para si.

- **INTROJEÇÃO:** a pessoa incorpora para dentro de si características do outro. Não possui estrutura para viver seu próprio Eu SOU e se deparar com seus conteúdos recalcados. Introjeta o outro e se transforma, total ou parcialmente, constrói uma imagem e um personagem, passando a viver as características de personalidade da pessoa idealizada, uma fantasia como realidade.

- **NEGAÇÃO:** baseia-se em negar a dor e as sensações de desprazer. É o mecanismo mais ineficaz, por negar os fatos através de mentiras. A pessoa não enxerga o que está à frente e no seu interior psíquico.

- **SUBLIMAÇÃO:** a busca de modos socialmente aceitáveis de satisfazer, ao menos parcialmente, a realização de um desejo. Diante da frustração, encontra-se um substituto aceitável que pode se contentar. A pessoa poderá se refugiar em ações sociais, artísticas ou religiosas, no trabalho excessivo como fuga de si e dos processos psíquicos dolorosos.

QUEM É VOCÊ NO ESPELHO?

A MULHER QUE FOI PEGA EM ADULTÉRIO

Como eles insistissem, ergueu-se e disse-lhes:
Quem de vós estiver sem pecado, seja o primeiro a
lhe atirar uma pedra. (João 8:7)

Havia uma tradição em que as mulheres pegas em adultério eram apedrejadas até a morte. Os fariseus abordaram Jesus, levando uma mulher adúltera, e cobraram o apedrejamento. Buscavam testar Jesus para acusá-lo.

Jesus permaneceu em silêncio e, diante a insistência, provocou uma reflexão intrapessoal. Estavam acusando e foram confrontados por suas próprias concupiscências. Abandonaram o local sem apedrejar a mulher.

Eles estavam com julgamento e condenação baseados em uma cultura religiosa de pseudopureza, reproduzindo o desejo de matar aquilo que incomodava em si, manifesto diante dos seus olhos naquela mulher.

Há um conceito denominado normopatia, aparente normalidade que esconde uma patologia. Quando todos vigiam todos para impedir o que todos têm vontade de fazer, mas ninguém tem coragem, e quando uma pessoa torna público um impulso reprimido por todos, ela é tida em apedrejamento pelos normopatas.

Eles queriam apedrejar naquela mulher os seus próprios impulsos não aceitos. Quantos homens e mulheres ali eram adúlteros? Quantos já tiveram caso com a mulher? E aos que a estavam cobiçando? Quantas mulheres, com suas pedras em mãos, desejavam estar no mesmo ato e satisfazer suas fantasias e instintos sexuais mais reprimidos? Eles estavam se

utilizando do mecanismo de defesa de projeção, projetando na mulher o que estava dentro de si.
A "sujeira" daquela mulher estava no interior de cada um ali.
Quando condenamos alguém por algo é porque está dentro de nós e não aceitamos, reprimimos condenando no outro. Quando temos misericórdia, reconhecemos que podemos estar sujeitos aos mesmos instintos e atos.
Jesus tinha uma saúde intrapessoal e maturidade emocional para lidar com seus sentimentos e desejos. Ele era sujeito às mesmas paixões, não a apedrejou nem condenou. Ele teve empatia, colocando-se no lugar dela e discernindo as intenções dos corações dos demais. Ainda afirmou a todos ali:

**Vós julgais segundo a aparência; eu não julgo ninguém.
(João 8:15)**

Jesus não condenou e ao mesmo não compactuou com o pecado da mulher, mas disse para que ela fosse e não pecasse mais.
Ele dizia sobre as paredes branqueadas e o sepulcro caiado que por fora era limpo e por dentro era sujo. Condenava as ações dos hipócritas dos templos que se consideravam bons e tão santos a ponto de julgar os pecadores, mas não tinham misericórdia, acusavam o que estava dentro de si.
Deus não é sepulcro, Ele é ressurreição. Quer retirar toda fachada, as lápides, o mármore e flores, para vir à tona os odores da putrefação. E, assim, purificar a essência do Mal e colocar seu Reino do Bem. Esse processo é doloroso e necessário, só ocorre quando permitimos e inclinamos nosso livre-arbítrio à ação do Criador.

QUEM É VOCÊ NO ESPELHO?

> Não se deve esquecer a seguinte regra:
> o inconsciente de uma pessoa se projeta sobre a
> outra, isto é, aquilo que alguém não vê em si mesmo
> passa a censurar no outro. (Carl Jung)

Quem não reconhece o que há em si, passa a reprimir no outro e viver de aparência. Quem reconhece, discerne seus sentimentos, não os transforma em ações e tem a capacidade de ser misericordioso com o próximo. Somos todos pecadores e devemos buscar a Santidade de Deus.

CONCEITUANDO O NARCISISMO

O mito de Narciso relata uma criança que não poderia se ver, senão morreria. Ele cresceu e tornou-se um rapaz belíssimo; era arrogante, despertava muitas paixões, não amava ninguém, todos o amavam e ele desprezava a todos.

Certo dia, viu seu rosto à margem dum rio e apaixonou-se. Ao tocar n'água, a imagem se desfazia, era um amor impossível, não tinha consciência que era ele. Entristeceu-se, definhou-se e morreu mergulhado no fundo do rio.

O lago significa o inconsciente, o espelho que refletiu a sua imagem. Narcisismo deriva da palavra grega "narke", que significa entorpecido, de onde vem a palavra narcótico. Narciso é a vaidade, a insensibilidade de não se colocar no lugar do outro, ele é entorpecido pela sua própria imagem.

O narcisista não se olha no espelho, não consegue trilhar o caminho do autoconhecimento, conduz uma vida emocional superficial e infantil.

O narcisista tem sede de controle e domínio, manipula todos para conseguir o que quer. É explorador nas relações interpessoais, não se vê no aspecto afetivo, mas no utilitário, enxerga um relacionamento como um negócio a se lucrar.

Possui uma imagem de si e apresenta-se ao outro dessa forma; investe sua energia psíquica para sustentar essa imagem a todo momento. Ele se vê superior e tem necessidade de ser idolatrado a fim de satisfazer seu vazio interior. É um excesso de exaltação externa e de inferioridade interna.

No narcisismo, além da vertente de superioridade, existe a da inferioridade, um sentimento de apequenamento, é aquele que se faz ser visto com uma imagem de vítima. Investe energia psíquica de coitado, manipulando as situações e explorando as pessoas com sentimento de dó.

O narcisismo não patológico é o protetor positivo do psiquismo, é o Eu Sou inteiro, o amar a si mesmo, a autopreservação, autoestima e autoimagem positiva, o eu completo. Nós precisamos nos amar e sermos completos para amar nosso próximo.

Existem o amor de ligação e o amor narcísico. O narcísico é o direcionamento do afeto para si mesmo, o de ligação para o outro. O bebê nasce com o amor narcísico, desenvolve-se e adquire o amor de ligação.

O excesso é patológico, a pessoa que só tem amor de ligação e nada de amor narcísico, ela não se ama, só se completa com o outro. Torna-se um co-narcisista, uma pessoa anulada, sem identidade nem autoimagem, tem seu sentido de existência no outro. É uma presa nas mãos do narcisista.

O narcisista se relaciona com o co-narcisista, o forte que precisa de um fraco para continuar sendo forte e o fraco que precisa de um forte para continuar sendo fraco.

QUEM É VOCÊ NO ESPELHO?

O narcisismo patológico é aquele que só tem amor narcísico e nada de amor de ligação, o excesso em ser o todo e o outro o nada, é a autoadoração. Tudo tem que girar em torno de si, nada pode ofuscar o brilho que considera ter nem a evidência em que deseja estar.

Diante de alguém digno de destaque, não mede esforços para eliminar aquele que considera ameaça ao seu reinado centralizador, controlador, doentio e fantasioso.

O processo terapêutico traz a saúde para enfrentar a defesa de si mesmo, o esvaziamento dos avessos, tanto da autoadoração quanto do autodesprezo, oportunizando o equilíbrio psíquico.

A INVEJA E OS ASSASSINOS DE SONHOS

Na história da Branca de Neve, a bruxa malvada, bela por fora e ruim por dentro, olhava e conversava com o espelho. Ela era o exemplo clássico do narcisista, amava a si mesma, não amava ninguém e procurava destruir e matar todos aqueles que ameaçavam seu império.

Certo dia, ela perguntou ao espelho:

— Espelho, Espelho meu, existe alguém mais bela do que eu?

O Espelho apresentou a imagem da lindíssima Branca de Neve. Embriagada de ódio, maquinou sua morte.

Quem era o espelho? De quem era a voz no espelho? Era a voz que havia dentro de si, ecoando com a essência assassina da inveja narcísica.

O invejoso não sabe quem é e não tem ousadia para se deparar com seus próprios conflitos existenciais, construindo sua identidade. Assim, odeia aqueles que são verdadeiros, que se amam e são amados. Subjuga o outro para se sentir grande.

O ser humano reflete ao seu redor aquilo que está no seu interior. Os felizes e resolvidos proporcionam luz, amor e felicidade por onde passam. Os infelizes e mal resolvidos proporcionam trevas, ódio e tristeza.

Quem tem paz, proporciona a paz. Quem tem guerra, a guerra.

Definitivamente os invejosos são infelizes. Eles crucificaram Jesus Cristo, mas não conseguiram matar os sonhos do Mestre. Quando a pessoa coloca sua vida no controle e busca a intimidade com Deus, Ele faz com que todas as coisas cooperem para o bem daqueles que O amam.

O mal não deve nos colocar como vítimas e na condição de amargurados, sempre apontando um culpado. Devemos nos posicionar como vencedores no exercício do perdão e que toda tentativa de destruição nos proporcione reconstrução do Eu Sou e fortalecimento das nossas emoções.

Freud tem uma definição coerente sobre a inveja: **os canibais devoram as pessoas que valorizam e admiram.**

A inveja é um ato de canibalismo e tem o mecanismo de defesa da introjeção, trazer para dentro de si o que almeja no outro, com atos patológicos e destruidores, a incorporação canibalística das virtudes da vítima.

A inveja não é só querer ser ou ter o que o outro é ou tem, isso é cobiça. A inveja, além de querer ser ou ter, é tentar destruir para fantasiosamente se sentir único. Diante da frustração em não poder ser ou ter, a inveja é o desejo narcisista de matar e destruir o ser e o ter do outro.

O invejoso não tem identidade nem sabe quem é no Espelho.

Na Bíblia, há diversos exemplos que receberam a promessa de Deus e foram perseguidos por invejosos destruidores: Caim e Abel, José e seus Irmãos, Davi e Saul, Esaú e Jacó, Mordecai e

QUEM É VOCÊ NO ESPELHO?

Hamã, Daniel, Sadraque, Mesaque e Abedenego, o menino Jesus e Herodes, perseguidos por invejosos canibais. O desfecho dessas histórias foram conquistas de Honra e Glória diante de Deus.

A QUEDA DE LÚCIFER E O EU SOU DO MALIGNO

> Perfeito eras nos teus caminhos, desde o dia em que foste criado, até que se achou iniquidade em ti. E tu dizias no teu coração: Eu subirei ao céu, acima das estrelas de Deus exaltarei o meu trono, e no monte da congregação me assentarei, da banda dos lados do Norte. Subirei acima das mais altas nuvens e serei semelhante ao Altíssimo.
> (Ezequiel 28:15 e Isaías 12:13 e 24)

Deus criou Lúcifer. Ele foi o ser celestial radiante mais exaltado de todas as criaturas na Terra e acima dos Céus. O nome de Lúcifer vem da raiz hebraica que significa "brilhar" e refere-se à estrela de maior brilho.

Lúcifer ocupava uma posição de querubim da guarda ungido, a mais alta graduação da autoridade angelical. Ele tinha a função de guardar o Trono de Deus, possuía amplo acesso e intimidade com o Criador. Era possuidor de beleza inigualável, equipado com sabedoria e capacidade ilimitada. Tinha o domínio e influência sobre um terço dos anjos nos Céus.

Lúcifer era perfeito desde o dia em que foi criado, até que se achou iniquidade em seu coração. Sua queda foi o desfecho de seu engano e obstinação de usurpar a glória que pertence unicamente a Deus, o desejo invejoso e opositor em ser igual a Ele.

Ele mergulhou no sentimento de concorrência, feriu o princípio de submissão, iniciando uma rebelião nos Céus. Ele e todos os seus seguidores tornaram-se inimigos de Deus e de todo ser criado por Ele, e foram privados da comunhão nos Céus de forma irreversível.

Com a queda, Lúcifer passou a ser chamado de Satanás.

Satanás vem do hebraico *satan*, remete a um inimigo acusador, o queixoso que tem uma acusação a apresentar. Desde então, aquele que tinha toda a confiança e devia lealdade ao Deus Todo Poderoso passa, assim, junto com os anjos caídos, a ser o opositor, perseguidor, o inimigo e destruidor do Eu Sou de Deus no Eu Sou do ser humano.

Satanás e os seus anjos caídos formaram o reino das trevas, que se opõe ao reino da luz e ao reino do Deus. Ele e os seus demônios têm, como único propósito, destruir a imagem e semelhança de Deus no ser humano, como um leão que busca tragar sua presa com astutas ciladas para corromper o EU SOU do ser humano e injetar a essência maligna de rebelião a Deus e ao Seu EU SOU.

O EU SOU de Satanás é as trevas e o mal.

> Sede sóbrios, vigiai, porque o Diabo, vosso adversário, anda em derredor, bramando como leão, buscando a quem possa tragar. (I Pedro 5:8)

O CAMINHO, A VERDADE E A VIDA

Disse-lhe Jesus: Eu sou o caminho, a verdade e a vida; ninguém vem ao Pai, senão por mim. E dizia

QUEM É VOCÊ NO ESPELHO?

a todos: Se alguém quer vir após mim, negue-se a si mesmo, e tome cada dia a sua cruz, e siga-me.
(João 14:6, Lucas 9:23)

É uma ordenança de Deus confessarmos o que há no nosso Eu Sou perante Ele para que possamos ser purificados e refletir Sua Glória. Essa transformação é de glória em glória, dia a dia, submetendo-nos à ação do Espírito Santo de Deus. Deus propõe a restauração do nosso Eu Sou a fim de resgatar a sua Imagem e Semelhança em nós.

Ele jamais impõe. Delegou um princípio espiritual que é o livre-arbítrio, a escolha entre o Bem e o Mal. Cada escolha tem suas consequências de Vida ou de Morte. Algumas nos conduzem à Imagem, Semelhança e Santidade de Deus; outras, à Iniquidade do Mal.

Jesus se apresentou como o Caminho, a Verdade e a Vida. Todos buscam trilhar o Caminho para alcançar a Vida, mas poucos são os que compreendem a Verdade.

O Caminho são os ensinamentos das Boas Novas do Evangelho que Ele veio ao mundo ensinar para alcançarmos a Vida Eterna. O Caminho é o Plano da Salvação de Deus para o Mundo

A Vida são estas tão almejadas Vida Eterna nos Céus e Vida em abundância na Terra. Sabemos que ninguém vai ao Pai senão por Jesus Cristo. Ele é o Caminho para alcançarmos a Vida para nosso Eu Sou. Estar com Cristo é ter a Vida, tanto no futuro nos Céus como no presente aqui na Terra. A Santidade é Vida e o Salário do Pecado é a Morte. Ele deu a Vida para nós, Ele deu sua Vida por nós.

> O ladrão não vem senão a roubar, a matar e a destruir; eu vim para que tenham Vida, e a tenham em abundância. Eu sou o bom Pastor; o bom Pastor dá a sua Vida pelas ovelhas. (João 10:10, 11)

E a Verdade? O que é a Verdade? Observa-se que entre o Caminho e a Vida está a Verdade. Podemos refletir que trilhamos o Caminho para chegar à Vida e para alcançar esse alvo precisamos passar pela Verdade. Jesus disse que se alguém quiser ir a Ele, deve negar a si mesmo, tomar a sua cruz e o seguir.

A Verdade é a Cruz. A Cruz representa este morrer para si, a morte do pecado em nós para trazer a santidade de Deus. A conversão da iniquidade para a essência de Deus em nosso Eu Sou. Não adianta trilhar o Caminho nem alcançar a Vida sem passar pela Verdade da Cruz.

O Espelho é esse confronto pessoal com a Verdade. O Espelho, a Verdade e a Cruz possuem o mesmo significado. Quem Eu Sou no Espelho é o negar a si, a cada dia tomar a sua Cruz para que possamos seguir a Jesus e sermos transformados de glória em glória.

Em **Provérbios 20:30** está escrito: **Os açoites e as pancadas que ferem purificam do mal; e as feridas penetram até o mais íntimo da alma.**

Não temos noção do mal que há em nós. Há circunstâncias em nossas vidas que colaboram para essa purificação do que corrompe o Eu Sou de Deus. São os açoites e pancadas que purificam do mal, feridas que curam.

Deus permite essas provações, porque Ele nos ama e o Pai que ama corrige os seus filhos. Não conseguimos deixar

QUEM É VOCÊ NO ESPELHO?

os sentimentos e as ações do mal por nós mesmos, são necessários os confrontos incisivos.

Sejamos submissos às correções, não tenhamos dura cerviz para alcançarmos o crescimento e a maturidade em sabedoria e santidade. Sujeitemos ao Espelho, à Verdade, à Cruz, à Correção e ao Fogo Consumidor.

> Porque o Senhor corrige o que ama e açoita a qualquer que recebe por filho. Se suportais a correção, Deus vos trata como filhos; porque que filho há a quem o pai não corrija?
>
> Além do que tivemos nossos pais segundo a carne, para nos corrigirem, e nós os reverenciamos; não nos sujeitaremos muito mais ao Pai dos espíritos para vivermos? Porque aqueles, na verdade, por um pouco de tempo, nos corrigiam como bem lhes parecia; mas este, para nosso proveito, para sermos participantes da sua santidade. E, na verdade, toda a correção, ao presente, não parece ser de gozo, senão de tristeza, mas depois produz um fruto pacífico de justiça nos exercitados por ela.
>
> Segui a paz com todos, e a santificação, sem a qual ninguém verá o Senhor. Porque o nosso Deus é um fogo consumidor. (Hebreus 12:6, 7, 9-11, 14, 29)

CAPÍTULO 7:

O EU SOU ME ENVIOU A VÓS

ELIAS LOPES VIEIRA

CAPÍTULO 7:

O EU SOU ME ENVIOU A VÓS

O EU SOU ME ENVIOU A VÓS

> Então disse Moisés a Deus: Eis que quando eu for aos filhos de Israel e lhes disser: O Deus de vossos pais me enviou a vós; e eles me disserem: Qual é o seu nome? Que lhes direi? E disse Deus a Moisés: EU SOU O QUE SOU. Disse mais: Assim dirás aos filhos de Israel: o EU SOU me enviou a vós. (Êxodo 3:13 e 14)

Este capítulo é exclusivamente dedicado à compreensão da amplitude do nosso espírito e do Eu Sou de Deus. Deus é espírito e só há essa relação de intimidade com Ele por meio do nosso espírito.

Moisés apascentava o rebanho do seu sogro Jetro e apareceu-lhe o anjo do Senhor em uma chama de fogo no meio duma sarça ardente que não se consumia. Ao avistar e se direcionar, Deus bradou impedindo-o, pois o lugar em que pisava era santo. Moisés temeu olhar para Deus e encobriu o seu rosto.

O povo de Israel era escravo no Egito subjugado por um faraó. Deus falou a Moisés, que ouviu atentamente a aflição, o clamor e a dor do Seu povo. Deus desceu para livrá-los das mãos opressoras dos egípcios, fazê-los subirem daquela terra a uma terra boa que mana leite e mel.

Deus chamou Moisés e o escolheu para enviá-lo até o faraó e libertar o Seu povo. Moisés lamentou, sentindo-se incapaz de tamanha missão. Deus o encorajou, deixando um sinal que, quando o povo fosse livre do Egito, o mesmo O serviria e O teria como Deus.

Moisés questionou Deus que, quando fosse aos filhos de Israel, ao seu povo e perguntassem qual é o seu nome, o que ele diria? Deus se apresentou ao seu povo com a resposta que o conceituou: o EU SOU me enviou a vós.

DEUS é o EU SOU. O EU SOU é DEUS.

BUSCAI PRIMEIRO O REINO DO EU SOU

Mas buscai primeiro o Reino de Deus, e a sua justiça, e todas estas coisas vos serão acrescentadas. (Mateus 6:33)

O versículo acima está em um contexto onde relata sobre os cuidados e as inquietações da vida. Descreve as ansiedades às que estamos sujeitos com relação às preocupações com a manutenção da existência neste mundo do Eu Tenho. A Palavra relata para não andarmos ansiosos com coisa alguma, pois Deus cuida de nós.

Uma pergunta feita por Jesus foi muito reflexiva e coerente: não é a vida mais do que o mantimento, e o corpo mais do que o vestuário?

Jesus disse para olharmos as aves dos céus que não semeiam, nem segam, nem ajuntam em celeiros e o Pai as alimenta e que nós somos mais valorosos do que elas.

Jesus disse para olharmos os lírios do campo que não trabalham nem fiam, nem mesmo Salomão, com toda sua glória, vestiu-se como eles. E pergunta: Se Deus veste a erva do campo, que hoje existe e amanhã é lançada no forno, não vestirá muito mais a vós, homens de pouca fé?

Quando compreendemos que buscar o Reino de Deus é quando construímos intimidade com Ele, vivemos o que são as coisas serem acrescentadas. Isto traz segurança e dependência N'Ele, cancelando a ansiedade de nossas vidas.

Buscar o Reino de Deus é buscar o próprio Deus. Quando estamos próximos a Deus, ficamos seguros e sabemos que as necessidades do Eu Tenho serão supridas e nada nos faltará porque Ele é o nosso Pastor.

O que passaria em sua mente se você perguntasse a alguém quem é você e o mesmo respondesse Eu Sou? O que é Eu Sou? Quem é Eu Sou?

Eu Sou é amplo, complexo e indefinido. Quando Deus fala que é Eu Sou, é um convite para conhecê-Lo e buscar intimidade com Ele. Quem é este Deus Eu Sou desconhecido?

A busca de conhecer o Eu Sou traz um desejo de ser igual a Ele. Ser Santo como Ele é reconstruir a sua imagem e semelhança em nós.

Moisés ouviu o som e viu a luz da sarça ardente e foi ao encontro de Deus para ouvi-Lo e conhecê-Lo mais e mais. Mas Moisés temeu olhar para Deus e encobriu o seu rosto.

Conhecer o Eu Sou é um desejo nosso e o Eu Sou deseja ser conhecido. Mas como conhecer o Eu Sou se tememos olhar para Deus?

Por que tememos olhar e conhecer o Deus Eu Sou? O medo de Deus é devido a esse temor de olhar para Ele e, diante de sua Glória e Santidade, ser confrontado consigo mesmo.

A fuga de Deus é o reflexo da fuga de si mesmo.

O CHAMADO DE ISAÍAS

> Então disse eu: Ai de mim! Pois estou perdido; porque sou um homem de lábios impuros e habito no meio de um povo de impuros lábios; os meus olhos viram o Rei, o Senhor dos Exércitos. (Isaías 6:5)

Em Isaías 6, há uma experiência única que ele teve ao ver o Senhor Deus. Anjos Serafins clamando Santo e a casa se encheu da fumaça da Presença da Sua Glória.

O profeta teve medo. Ele descreveu esse temor com suas palavras: Ai de mim! Pois estou perdido.

Isaías confessou a sua nudez e o motivo do seu medo. Apresentou seus lábios impuros e o fato de habitar no meio de um povo de impuros lábios. Isaías temeu e enxergou o que causava esse medo.

Isaías olhou para Deus e enxergou em si mesmo as suas impurezas de lábios.

Diante do seu coração sincero, Deus jamais o condenaria, um dos Serafins voou até ele, trazendo em sua mão uma brasa viva, que tirara do altar, e tocou em sua boca. Com o toque da brasa do altar, a iniquidade foi retirada e o pecado purificado dos lábios impuros.

Deus perdoou e purificou a iniquidade de Isaías. Deus é santo e almeja que nos santifiquemos para Ele.

Lábios são a porta de saída para a impureza do que está no coração. O toque das brasas nos lábios foi a entrada para a purificação contagiar e alcançar a fonte das impurezas. O processo de cura e santificação está em falar, a importância de confessar o que está oculto em nossa alma.

Deus selou ali o chamado e a missão de Isaías. É impossível conhecer a Deus sem conhecer a si mesmo. É impossível olhar para Deus sem olhar para si mesmo.

Temos em conhecer ao Deus Eu Sou, pois conhecê-Lo nos leva a conhecer o nosso Eu Sou. O Deus Eu Sou é o espelho para nosso Eu Sou. Quando conhecemos a nós mesmos, deparamos com nossos temores, como ocorreu com Isaías.

Assim adentramos o mais oculto da nossa alma e do nosso espírito. Além de depararmos com as inquietações da alma, deparamos com tudo aquilo que fere a Glória e Santidade de Deus, com a iniquidade e o pecado.

A QUEDA DE ADÃO E EVA

> E ouviram a voz do Senhor Deus, que passeava no jardim pela viração do dia; e esconderam-se Adão e sua mulher da presença do Senhor Deus, entre as árvores do jardim. E chamou o Senhor Deus a Adão, e disse-lhe: Onde estás? E ele disse: Ouvi a tua voz soar no jardim, e temi, porque estava nu, e escondi-me.
> (Gênesis 3:8-10)

QUEM É VOCÊ NO ESPELHO?

Deus, ao criar Adão do pó da Terra, o colocou no jardim do Éden para lavrá-lo, guardar e colocar nomes a todos os animais. Recomendou que de todas as árvores do jardim comesse livremente, mas da árvore do conhecimento do bem e do mal, dela não comesse, porque no dia em que dela comer, certamente morreria.

Viu Deus que o homem estava só, fez uma ajudadora idônea. Deus fez cair um pesado sono sobre Adão e adormeceu, tomou uma das suas costelas e cerrou a carne em seu lugar.

Adão e Eva não tinham medo de Deus. Eles contemplavam e falavam com Deus, estavam nus e não se envergonhavam. Era o Eu Sou de Adão e Eva conectados ao Eu Sou de Deus.

A Serpente era mais astuta que todos os animais do campo que Deus havia feito. Ela os seduziu e ambos comeram do fruto proibido, e ainda alegou que não morreriam e que seriam iguais a Deus.

A Serpente colocou no coração deles a desobediência e o desejo de ser igual a Deus. Ela provocou uma inquietação entre eles e o Criador, rompendo assim a confiança e intimidade com Deus. Desconectando-se com o Eu Sou de Deus.

Foram abertos os seus olhos e conheceram que estavam nus; pegaram folhas de figueiras e fizeram aventais para cobrir sua nudez.

Deus os procurou, Adão e Eva se esconderam da Sua presença. Chamou Deus a Adão, ele respondeu que temeu por estar nu. Deus perguntou quem mostrou que estava nu e se haviam comido da árvore que ordenou que não comesse. Adão culpou a mulher e a mulher culpou a Serpente. Adão e Eva foram expulsos do Jardim do Éden.

A vergonha e o medo que levaram a cobrir a nudez significam a consciência do Pecado. As vestes são símbolos que representam o se esconder e encobrir as vergonhas do nosso Eu Sou, é a negação e a repressão na psique. Antes do pecado não havia vestes, viviam nus, não tinham conhecimento do bem e do mal, tinham intimidade com Deus e não temiam a Ele.

O pecado faz separação entre nós e Deus. Trouxe ruptura entre a alma e o espírito.

O pecado é a conexão com o Eu Sou da Serpente e a desconexão com o Eu Sou de Deus.

A santidade é a conexão com o Eu Sou de Deus e a desconexão com o Eu Sou da Serpente.

Tornamo-nos iguais ao Eu Sou de quem estamos conectados.

Após comer da árvore do conhecimento do bem e do mal, eles absorveram a essência da Serpente, a desobediência e o desejo de querer ser igual a Deus. A Serpente tinha o desejo de despojar o próprio Deus, situação essa que deu origem a sua queda dos Céus.

Adão e Eva não morreram física e emocionalmente, não foi uma morte no corpo e na alma. Adão e Eva tiveram uma morte no espírito, ambos perderam o falar com Deus face a face. Morreu a conexão entre corpo e alma com o espírito.

A consequência da queda e a expulsão do Paraíso fizeram com que eles tivessem que buscar seu próprio sustento com desgastes e sofrimento. Houve a expulsão do corpo e da alma do local de intimidade com Deus.

O espiritual tornou-se um mundo irreal para os mundos natural, emocional e racional do Corpo e da Alma.

As vestes precisam ser despidas e rasgadas diante de Deus a fim de que o oculto venha à luz e não se torne uma barreira entre nós e Ele.

A TENTAÇÃO DE JESUS NO DESERTO

> Então foi conduzido Jesus pelo Espírito ao deserto, para ser tentado pelo diabo. E tendo jejuado quarenta dias e quarenta noites, depois teve fome.
> (Mateus 4:1 e 2)

Jesus Cristo foi tentado pela Serpente para negar o Eu Sou em troca do Eu Tenho. Ele não cedeu e optou pelo Eu Sou de Deus em seu Eu Sou.

Há uma razão para Jesus ter sido conduzido pelo Espírito Santo ao deserto. Ali, 40 dias e 40 noites jejuando, desconectando do corpo e da alma e conectando-se com o seu espírito, com o seu Eu Sou, com o Eu Sou de Deus, teve a revelação em seu espírito da convicção de sua missão.

Há uma disputa pelas nossas vidas no Reino Espiritual. São constantemente oferecidas e proporcionadas situações como as que Adão e Eva passaram e a descrita pela Tentação no Deserto.

A Serpente oferece aquilo que supostamente tem para, em processo de troca, atingir e desconstruir em nós aquilo que há de mais precioso do Criador, o nosso Eu Sou, a Sua Imagem e Semelhança.

Enquanto Deus oferece a nós a purificação, o Inimigo quer implantar a sua corrupção. A Serpente quer contaminar nosso Eu Sou com sua Malignidade.

Temos o livre-arbítrio, a escolha entre o Bem e o Mal, para construir o Reino de Deus ou o Reino da Serpente em nós.

O deserto é um local onde nós temos grandes dificuldades, escassez para o corpo e sequidão para a alma. É a representação dos desafios em que somos tentados a ceder à Serpente ou a se entregar totalmente à dependência e intimidade de Deus. O Maligno se aproveita dessas circunstâncias de carências e fraquezas para barganhar conosco.

Com Jesus foram utilizadas as mesmas estratégias, oferecendo o que supostamente pouparia de passar por essas situações. Mas foi uma ordenança e direção de Deus estar naquele local e se entregar de corpo, alma e espírito em aliança ao Grande Eu Sou.

Conectados à Trindade Santa, Deus Pai, Deus Filho e Deus Espírito Santo, podemos entregar nossas vontades e desejos, carências afetivas, prestígios e honras, e se esvaziar e se preencher Dele em sacrifício de louvor.

Jesus foi tentado por Satanás para desistir da sua missão em Deus, do plano da Salvação da humanidade e da autoridade espiritual acima de todos os nomes.

Foi tentado em sua mente para ceder à oferta de possuir fama e riquezas, em seu coração para desafiar a Deus lançando-se da altura do pináculo do templo. E em seu ventre para transformar pedras em pães e saciar sua fome e desistir da dependência em Deus.

O Maligno barganhou para que Ele trocasse o Eu Sou de Deus pelo o Eu Tenho da Serpente. Foi tentado nos três pilares da sua alma – mente, coração e ventre – para desconectar-se do Grande Eu Sou e trocar a aliança com Deus pelo pacto com o Maligno.

Quando cedemos à entrega do nosso EU SOU ao Deus EU SOU, construímos seu Reino em nós e conseguimos superar as carências e não nos entregamos aos excessos das vontades e desejos da vida.

O deserto enfraquece o corpo e a alma, mas é onde nosso espírito é fortalecido. Somente quem tem a revelação do

QUEM É VOCÊ NO ESPELHO?

Espírito Santo de Deus pode compreender a significância de cada palavra aqui descrita.

Jesus se esvaziou, negou o Eu Tenho oferecido por Satanás para viver intensamente o Eu Sou de Deus em seu Eu Sou. Ele estava no deserto vazio do Eu Tenho e cheio do Eu Sou.

O deserto é o local onde estamos próximos de DEUS e de nós mesmos. Tentar o ser humano para corrompê-lo são as estratégias do Inimigo.

Também somos tentados a escolher entre os frutos da Serpente e a vida com Deus. Barganhar em receber o Eu Tenho e perder o nosso chamado, a autoridade e aliança com Deus.

Jesus Cristo foi o único que veio à Terra e venceu invicto o Pecado. Ele não cedeu em nenhuma área, seu Eu Sou não foi contaminado pelo Eu Sou do Maligno. Jesus viveu aqui na Terra a amplitude do seu EU SOU e do EU SOU de DEUS.

Satanás jamais manifestará o seu Eu Sou a nós, ele oferece o seu Eu Tenho pra destruir o nosso Eu Sou.

Deus se manifesta e oferece o seu Eu Sou para buscarmos primeiro a Ele e o Eu Tenho será acrescentado.

Deus se apresenta para o homem como o Eu Sou. Satanás se apresenta como o Eu Tenho.

Satanás quer trazer o Eu Tenho e o Eu Sou será mortificado. Deus quer trazer o Eu Sou e o Eu Tenho será acrescentado.

Satanás se manifesta com o seu Eu Tenho. Deus se manifesta com o seu Eu Sou.

A busca do Ter e a angústia do Ser é a política espiritual pecaminosa que há na humanidade do mundo que jaz do Maligno.

Onde a Serpente reina, há a busca do Ter e a mortificação do Ser. Há o absorver dos seus frutos e a essência do Mal se disseminando. É o distanciamento do próprio Eu Sou e do Eu Sou de Deus.

ELIAS LOPES VIEIRA

> Sabemos que somos de Deus e que todo o mundo jaz do Maligno. (I João 5:19)

O MAIOR NO REINO DO EU SOU É O MENOR NO REINO DO EU TENHO

> Naquela hora chegaram-se a Jesus os discípulos e perguntaram: Quem é o maior no reino dos céus? Jesus, chamando uma criança, colocou-a no meio deles e disse: Em verdade vos digo que se não vos converterdes e não vos fizerdes como crianças, de modo algum entrareis no reino dos céus. Portanto, quem se tornar humilde como esta criança, esse é o maior no reino dos céus. E qualquer que receber em meu nome uma criança tal como esta, a mim me recebe.
> (Mateus 18:1-5)

Jesus Cristo veio ao mundo e quebrou padrões de injustiça e exclusão social estabelecidos pelas tradições culturais durante a história da humanidade. As crianças sempre sofreram com essas discriminações, recebiam sobre si o fruto de um estigma preconceituoso do pecado carnal que lhe deram origem.

Jesus alimentou na multiplicação dos pães e peixes uma multidão. Cerca de cinco mil homens, sem contar mulheres e crianças. Quem teve o maior ato de fé e entrega foi um menino, oferecendo seus cinco pães e dois peixinhos, mas não foi contado pela estatística.

Deus abomina a acepção de pessoas. Jesus rompeu com a coisificação da criança do mundo adultocêntrico e com a responsabilidade pela maldição da queda delegada às mulheres por causa de Eva.

Jesus testificou a ação de Deus, escolheu os desprezíveis e os que não são para aniquilar os que são, os fracos e os loucos pra confundir os fortes e os sábios, tudo para que nenhuma carne se glorifique perante Ele. Escolheu a criança humilde para aniquilar os adultos soberbos que disputavam esse patamar de maior no Reino dos Céus.

Ele elegeu o menor no Reino do Eu Tenho como o maior no Reino do Eu Sou.

Toda criança é dependente de seus pais. Quanto mais nova, maior o nível de necessidade do adulto. O mesmo nível de dependência é o de entrega e confiança.

Conforme a criança cresce, é natural em seu desenvolvimento a sua autonomia, independência e identidade. O adulto não depende de seus pais, é autossuficiente, mas tem gratidão e honra.

A criança é dependente, confia e se entrega totalmente.

Em **I Coríntios 13:11** está escrito: **Quando eu era menino, falava como menino, sentia como menino, discorria como menino, mas, logo que cheguei a ser homem, acabei com as coisas de menino.**

Podemos ver por meio desse versículo a constatação da maturidade e do crescimento do adulto.

É necessário e saudável o adulto crescer e amadurecer, assumir suas responsabilidades e não agir como criança perante seus compromissos. A criança é infantil e imatura diante dos deveres do mundo do adulto. Já para o adulto, não é saudável permanecer infantil e imaturo.

Tornar-se como criança é ser o adulto independente dos pais, porém dependente de Deus e com maturidade para o mundo dos adultos. Assim como a criança é dependente, o adulto precisa se entregar por completo a Deus Pai.

A essência do Reino do Eu Sou e do Reino dos Céus é ser criança.

Temos uma dificuldade de compreensão dessa ordenança de Deus porque o corpo e alma são independentes, a essência de dependência, confiança e entrega a Deus como criança é uma dimensão espiritual.

Devemos construir com Deus essa relação íntima de filhos e Pai. Somente o nosso espírito é capaz de adentrar a essa dimensão do EU SOU.

O segredo para adentrar o mundo do Reino de Deus é ultrapassar o Reino Natural e entregar-se de corpo, alma e espírito ao Pai Criador.

Nosso Eu Sou tem sede e fome de Deus. A essência do Eu Sou é a relação íntima com o Eu Sou Criador e Pai.

Romper com os obstáculos das limitações do mundo do corpo e da alma e reconstruir a ruptura entre alma e espírito é o segredo para a amplitude da vida aqui na Terra e na eternidade.

O vazio existencial é o vazio de Deus em nós.

Por mais que tivéssemos o domínio, controle e posse sobre todos os astros e as estrelas, toda propriedade e reinos deste mundo, e não tivéssemos a Presença e Intimidade com Deus, nosso interior seria o Vazio.

Um dia todo o Ter se tornará Nada quando deixarmos este Mundo. O Eu Tenho é para o Eu Sou o Nada e o Vazio. O Nada e o Vazio são o tamanho da ausência de Deus em nós. Nosso Eu Sou clama, tem fome e sede pelo Eu Sou de Deus.

O DEUS EU SOU ENVIOU VOCÊ A ESTE MUNDO

> Ouvi-me, ilhas, e escutai vós, povos de longe: O Senhor me chamou desde o ventre, desde as entranhas de minha mãe fez menção do meu nome. Como também nos elegeu Nele, antes da fundação do mundo, para que fôssemos santos e irrepreensíveis diante Dele em amor; e nos predestinou para filhos de adoção por Jesus Cristo, para si mesmo, segundo o beneplácito de sua vontade.
> (Isaías 49:1, Efésios 1:4-5)

Não sei como é sua história, mas saiba que Deus criou você para estar neste mundo. Deus o chamou e fez menção do seu nome desde o ventre e as entranhas de sua mãe. Deus elegeu você antes da fundação do mundo e o predestinou para viver o melhor Dele por meio de Jesus Cristo.

Temos um valor para Deus Pai, não o valor do mundo do Ter, mas do Ser do Eu Sou. Deus quer que busquemos a intimidade com Ele.

Há sede e fome dentro do nosso Eu Sou pela intimidade com Deus. Nosso Eu Sou precisa da fonte de Amor que é o Deus Pai, Ele criou você com seu infinito e incondicional Amor.

No livro de **João 3:3** está escrito: **Jesus respondeu, e disse-lhe: Na verdade, na verdade te digo que aquele que não nascer de novo, não pode ver o reino de Deus.**

O Reino de Deus se conquista como criança que depende do Pai. Nosso Eu Sou precisa nascer de novo, começar tudo de novo e trilhar os passos do Mestre na reconstrução do nosso Eu Sou.

A Palavra de Deus diz que ninguém vai ao Pai senão por Jesus Cristo. Ele veio à Terra e cumpriu com intensidade a vontade de Deus, dividiu a história da humanidade em antes e depois do seu nascimento.

Ele é o exemplo de sede e fome pelo centro da vontade de Deus. Não há outra escolha do que investir no conhecer do nosso Eu Sou, confrontar o que há de mau em nós e buscarmos a Imagem e Semelhança de Deus.

Consagremos nossa mente, coração e ventre, Deus enviará seus anjos para tocar com brasas do altar e seremos purificados e santificados de glória em glória.

Conheçamos e busquemos qual é a vontade de Deus para nossa vida e vivamos intensamente o chamado e a missão Dele aqui na Terra.

Jesus disse-lhes: A minha comida é fazer a vontade Daquele que me enviou, e realizar sua obra.
(João 4:34)

CAPÍTULO 8

ABRIREI A VOSSA SEPULTURA

CAPÍTULO 8:

ABRIREI A VOSSA SEPULTURA
ABRIREI A VOSSA SEPULTURA

Veio sobre mim a mão do Senhor; Ele me levou pelo Espírito do Senhor e me deixou no meio de um vale que estava cheio de ossos, e me fez andar ao redor deles; eram mui numerosos na superfície do vale e estavam sequíssimos. Então, me disse: Filho do homem, estes ossos são toda a casa de Israel. Eis que dizem: Os nossos ossos se secaram, e pereceu a nossa esperança; estamos de todo exterminados. Portanto, profetiza e dize-lhes: Assim diz o Senhor Deus: Eis que ABRIREI A VOSSA SEPULTURA, e vos farei sair dela, ó povo meu, e vos trarei à terra de Israel. Sabereis que eu sou o Senhor quando eu abrir a vossa sepultura e vos fizer sair dela, ó povo meu. (Ezequiel 37:1, 2, 9-13)

Esta passagem da Bíblia, 'A Visão de um Vale de Ossos Secos' é uma das mais reveladoras e proféticas. Inicia-se o texto narrando uma visão em que a mão do Senhor veio sobre o profeta Ezequiel e ele foi levado e deixado no meio de um vale que estava cheio de ossos.

Parece um cemitério clandestino onde os corpos eram jogados aos montes sem cerimonial de despedida. Por que Deus levaria o profeta a esse lugar e o deixaria ali?

É certo que desejamos que Ele nos conduza a lugares de prosperidade como num Jardim do Éden e não num lugar de morte. Ao deixar Ezequiel ali, o fez andar ao redor, não havia sinal de vida.

Deus perguntou ao profeta se aqueles ossos poderiam reviver, desafiando a sua fé. O mesmo, em esquiva e ausência de fé, recorreu à onisciência de Deus: Senhor Deus, tu o sabes.

Deus o desafiou a profetizar que entrasse o espírito neles e viveriam, depois viriam tendões, carne e pele, todos saberiam que Deus é Senhor. O profeta profetizou, houve um ruído, os ossos se batiam e se ajuntavam, cada osso ao seu osso.

E tudo se cumpriu. Deus o desafiou a profetizar ao Espírito: Vem dos quatro ventos, ó Espírito, e assopra sobre estes mortos. Ele profetizou e o espírito entrou neles, viveram e se puseram em pé, um exército.

Ele poderia murmurar e apenas relatar o que estava diante dos seus olhos, alimentar a incredulidade e o impossível não acontecer. Mas, com os olhos da fé e confiança em Deus, profetizou.

Há poder na Palavra do Deus EU SOU. Somos feitos à Sua imagem e semelhança, o EU SOU de Deus no EU SOU do profeta. O profeta não descreu com palavras malditas de morte, ele profetizou com seus olhos espirituais palavras benditas de vida.

QUEM É VOCÊ NO ESPELHO?

Quando estamos passando pelo Vale da Sombra da Morte, não devemos murmurar e questionar a Deus. Devemos buscá-Lo e ouvir Sua Voz. Que dos nossos lábios saiam palavras benditas de vida e fé, no centro da vontade Dele, crente no Seu controle.

Deus trouxe a revelação e interpretação do Vale de Ossos Secos. Era a casa de Israel, Deus transfigurou ali, ao profeta, o EU SOU de cada pessoa de Israel.

O Vale de Ossos Secos era a condição espiritual e emocional em que o povo se encontrava. A sepultura representa como estava a alma do povo. Deus abriria a resistência da alma que a aprisionava.

A sepultura é a representação da alma, quando enterramos em nós histórias mal elaboradas e reprimimos para dentro a mágoa, desesperança e frustrações. Sendo assim, o EU SOU de Deus em nós começa a se desfazer e nossa alma se caracteriza nessa sepultura, prisão emocional e cárcere interior.

A sepultura tem a tampa da resistência que oculta os odores da morte, o mármore e flores disfarçam o cenário emocional. Jesus fez essa comparação com o Sepulcro Caiado, que por fora é belo e por dentro é podre, descrevendo os hipócritas fariseus religiosos, que acusam os outros e não olham para dentro de si.

Essa é a revelação de Deus, sepultura e alma abertas à ação e ressurreição de Deus. Purificação e Reconstrução do EU SOU à Sua Imagem e Semelhança. Enfrentar nossos medos e dores e deixar o Espírito Santo agir, assim como Ele pairava sobre as águas e diante da voz do Deus Criador recriou o Mundo.

Do Vale de Ossos Secos, Ele levantou um grande exército. De uma sepultura, Ele ressuscita o morto e levanta um soldado. Uma Alma aberta sem resistência há cura das dores ocultas e sepultadas.

Onde há morte, ressuscita vida, tristeza se transforma alegria, medo em ousadia, desesperança em esperança e fé, vergonha em honra. Abrir a Sepultura é uma libertação na Alma e vitória sobre os grilhões emocionais.

Deus poderia fazer pela Sua voz, mas Ele revelou o seu querer ao profeta a fim de que esse profetizasse e fizesse o impossível por meio Dele. Este é princípio espiritual do Deus Eu Sou, revelar ao nosso espírito pelo Seu Espírito a Palavra Revelada e agir em nós como Canal do Teu Fluir aqui na Terra. O Eu Sou de Deus agindo em nosso Eu Sou.

PULSÃO DE VIDA E PULSÃO DE MORTE

Nós temos duas forças, uma de vida e outra de morte. Essas forças estão a todo momento buscando o controle da nossa alma, porém o que deve prevalecer é a pulsão de vida.

A pulsão de vida é o fruto de satisfações de desejos, a pulsão de morte é o de frustrações e tensões não satisfeitas. Um exemplo básico é a fome, há uma tensão que precisa ser satisfeita para o equilíbrio e a autopreservação da vida.

Ao comermos, o desejo é atendido e a tensão é solucionada, liberando a libido, fruto do gozo satisfeito, resultando em pulsão de vida.

Enquanto estamos com fome, há uma frustração, uma energia agressiva, e vamos ficando mal-humorados, tem-se a pulsão de morte. O mesmo ocorre quando estamos com sede, sono, desejo sexual ou alguma necessidade não somente do corpo, como dinheiro, emprego, sonhos e outras.

Quando se fala de libido, associa-se ao apetite sexual, é o desejo e prazer pela vida como um todo, sexo, comida, bebida, lazer, família, amizade, conhecimento, trabalho, esporte, religião, Deus, tudo que é prazeroso e busca a vida.

QUEM É VOCÊ NO ESPELHO?

A pulsão é o resultado da necessidade biológica ou psíquica até a satisfação. Inicia-se no instinto da necessidade de uma tensão. Depois surge a pulsão que tem uma fonte (necessidade de satisfazer a tensão), uma pressão (quantidade de excitação para buscar a satisfação), o objetivo (busca de resolver o que falta) e o objeto (caracterização na mente de qual alvo irei satisfazer o gozo dessa necessidade).

Quando realizamos nossos desejos, sonhos e vontades, temos a libido que é a pulsão de vida. Quando somos frustrados e decepcionados, a tensão é devolvida para o inconsciente e se aloja em forma de recalque, tornando-se energia agressiva, numa pulsão de morte dentro da psique.

Instinto – Pulsão (fonte/pressão/objetivo/objeto) – Desejo – Gozo – Libido = Pulsão de Vida

Instinto – Pulsão (fonte/pressão/objetivo/objeto) – Desejo – Frustração – Recalque – Resistência – Energia Agressiva = Pulsão de Morte

Sabe aqueles dias quando acordamos motivados, abrimos a janela para ver o sol, vemos satisfação nas coisas simples, queremos trabalhar e produzir? É um sinal de que a pulsão de vida está prevalecendo.

Quando acordamos angustiados, desejando ficar na cama, não ver o sol, passar o dia hibernando longe de tudo e de todos, é um sinal de que a pulsão de morte prevalece.

É certo que há dias em que estamos com necessidade de nos isolar. É saudável passarmos momentos conosco e refletir sobre nós mesmos, mas, quando se torna uma constância, é patológico.

As emoções não expressas nunca morrem. Elas são enterradas vivas e saem de piores formas mais tarde.
(Sigmund Freud)

O CAVALEIRO E O SEU CAVALO

Além da Teoria Topográfica: inconsciente, pré-consciente e consciente, Freud construiu a Teoria Estrutural: ID (biológico e prazer), EGO (psicológico e realidade) e SUPEREGO (social, moral e ideal). Elas se complementam e descrevem o funcionamento psíquico.

O ID é o princípio de prazer, já nascemos com ele, busca os desejos com intensidade e sem limites. O EGO é o princípio da realidade, é onde está a decisão das escolhas e os limites sobre as vontades. O SUPEREGO é o princípio da moral e ideal, foi construído fruto das recompensas e punições durante a infância.

O EGO é o responsável pela decisão de satisfazer aos desejos do ID ou à cobrança pela perfeição do SUPEREGO. Além dos dois tiranos, o EGO precisa administrar o outro cobrador, o Mundo Externo.

Freud comparou essa dinâmica com o cavaleiro no lombo de um cavalo, sendo o cavaleiro o EGO e o cavalo o ID, a sela e a espora são o SUPEREGO. O cavalo e o ID são maiores e mais fortes, porém o cavaleiro e o EGO são quem precisam estar fortalecidos para domar os impulsos, desejos e agressividade do ID. Ainda há o recurso da sela e da espora do SUPEREGO, que provocam estímulos avessos de limitações ao ID.

QUEM É VOCÊ NO ESPELHO?

O EGO precisa estar fortalecido para administrar as exigências e ansiedades do ID, SUPEREGO e Mundo Externo. Temos condições de fazer escolhas e não deixar dominar pelos desejos do inconsciente, sejam eles libidinais de vida ou agressivos de morte.

> Tudo me é permitido, mas nem tudo convém. Tudo é permitido, mas eu não deixarei que nada me domine.
> (I Coríntios 6:12)

SUICÍDIO: NÃO FAÇA ISSO!!!

Freud defende que a pulsão de vida deve sempre prevalecer para nos manter vivos com o sentimento de autopreservação.

Quando a pulsão de morte torna-se prevalente é um sinal que estamos adoecidos emocionalmente, manifestando-nos em autodestruição.

Suicídio tem origem no latim, na junção das palavras sui (si mesmo) e caderes (ação de matar). Não são somente tentativas, existem processos que antecedem e também são alarmantes.

No Manual de Prevenção ao Suicídio do Ministério da Saúde estão descritos: Pensamento, Planejamento e Tentativa.

PENSAMENTO: o primeiro processo são os pensamentos intrusivos de ideação suicida. A pessoa tem constantes pensamentos com a ideia de que a morte acabaria com suas dores.

PLANEJAMENTO: o segundo processo são os planejamentos da própria morte, alternativas em que não venham causar tanta dor. Até se pesquisa na *Internet* formas de se matar instantaneamente.

TENTATIVA: o terceiro processo são as tentativas, quando a pessoa tenta tirar a própria vida. O suicida não quer morrer, mas quer matar a dor que não suporta dentro de si.

Precisamos desconstruir o equívoco de que o verdadeiro suicida que tenta, consegue. Aquele que tentou e não teve "sucesso" só quer chamar a atenção. Pensamentos, planejamentos e tentativas são todos preocupantes, sinais de prevalência da pulsão de morte.

As tentativas são públicas. Os pensamentos e planejamentos são anônimos, não aparecem. As pessoas costumam não expressar seus sentimentos com medo de serem censuradas, porém não devemos permitir que nossas tristezas se enraízem em nossas emoções. Precisamos verbalizar nossas dores e frustrações.

É um adoecimento no corpo e na alma. O suicídio não é somente espiritual, também é físico e psíquico. Não adianta tratá-lo só com as armas espirituais, somente repreendendo o mal com orações e fé. A pessoa precisa dos cuidados de profissionais da saúde mental, como psicólogos e psiquiatras.

Existe o suicídio imediato e consciente, quando a pessoa está no último estágio, tenta contra a própria vida.

Há também o suicídio mediato e inconsciente, quando a pessoa pensa ou planeja. Ela está em um processo de desistência da vida, não tenta contra seu corpo, mas constrói a própria morte em sua mente.

O suicídio mediato e inconsciente acontece gradativamente, a pessoa vai se sabotando nos autocuidados e autopreservação e entregando-se à morte.

QUEM É VOCÊ NO ESPELHO?

Quando se tem um diagnóstico em que o médico passa uma série de restrições alimentares, quem tem a pulsão de vida prevalecendo seguirá à risca a dieta prescrita. O suicida inconsciente ignorará e esbanjará no consumo dos alimentos nocivos à sua saúde.

Diante de um diagnóstico grave, a pessoa saudável psiquicamente enfrentará com desejo de superação para vencer a batalha. O adoecido se entregará e até adiantará a própria morte, agravando mais ainda o prognóstico da doença.

A pessoa que constantemente se arrisca nos limites da vida em atitudes desafiadoras e opositoras, em altas velocidades pelas estradas, situações de risco de morte, esportes radicais como pular de paraquedas ou *bungee jump*, tem uma forma inconsciente de satisfazer parcialmente a tensão do desejo da pulsão de morte.

A dor é suportável quando conseguimos acreditar que ela terá um fim e não quando fingimos que ela não existe.
(Allá Bozarth-Campbell)

LUTO PARA TRANSFORMAR O LUTO EM LUTA

Ao se falar em luto, entende-se sobre a perda de uma pessoa querida. O luto também é a perda de outros objetos de amor, o luto é uma separação.

Temos o luto do término de um relacionamento, casamento, noivado, namoro ou até amizade. Perda de um trabalho, casa, carro, dinheiro, diagnóstico de uma doença grave e outros.

O nascimento é um luto, perde-se o útero, o único lugar onde tivemos a dependência total. O trauma do nascimento leva a pessoa a buscar equivocadamente esse útero em outro objeto de desejo, porém nunca encontraremos, até superar e saber que a dependência total não é saudável. Somos parcialmente independentes.

A formatura da faculdade é um ritual de passagem, depois vem o luto, perdemos a condição de "em formação". É como se fosse um nascimento do útero dos bancos da faculdade para enfrentarmos o mercado de trabalho a fim de conquistar nosso espaço profissional.

O casamento de um filho é um luto e pode gerar a síndrome do ninho vazio. O diagnóstico de uma condição em um filho que o coloca como especial traz o luto do filho perfeito.

A aposentadoria é um luto. Luto é uma forma de reelaborar e reabilitar-se para outra condição de vida.

O luto é o preço do amor. Quando passamos por uma série de perdas e trazemos lutos mal elaborados, temerus amar novamente. A única forma de não perder nem sofrer é não amando. Se não ama não perde, mas se quer amar, o preço é a possibilidade de perder.

Elizabeth Kubler Ross nasceu em 1926 na Suíça e morreu aos 78 anos em 2004 nos Estados Unidos. Foi uma psiquiatra que se tornou uma referência em processo de morrer, construiu uma teoria sobre as cinco fases do luto: negação, raiva, negociação, depressão e aceitação.

NEGAÇÃO: é a reação espontânea de choque e não aceitação, nega-se para se proteger da dor. Oculta-se o que faz sofrer, resiste-se à realidade do trauma. Não aceita o que está acontecendo.

QUEM É VOCÊ NO ESPELHO?

RAIVA: é o sentimento de reação à dor sentida, revolta diante da verdade concreta de si mesmo.

NEGOCIAÇÃO: barganha com a vida, acordos com Deus com o intuito das coisas se tornarem como antes. Busca de evidências que nos tragam motivações mesmo diante do caos.

DEPRESSÃO: incapacidade diante da realidade e de acreditar num novo objeto de amor. É a fase em que se depara e sente a dor no mais profundo e por completo. Sendo assim, libera-se a perda e reabilita-se para a vida.

ACEITAÇÃO: aceita a perda, consciência da necessidade de reconstruir a vida. Busca de modos diferentes de vida sem o que perdeu. Reinvestimento em outros objetos de amor.

Nas fases do luto não existem ordem nem cronologia, podem ser vivenciadas mais de uma ao mesmo tempo ou não vivenciar alguma. Não existe forma para explicar plenamente, cada pessoa ama e sente da sua maneira. Só sabe o que é o luto quem já passou e cada luto é da pessoa e só ela sabe o que sente. Nem sempre saberá explicar com palavras.

Uma história traumática que podemos contar sem nos trazer pesar, quando testemunhamos um crescimento e maturidade na dor, é o sintoma de um luto elaborado.

Quando ao lembrar nos causa angústia, a voz embarga e sentimos o nó na garganta, um reviver da dor, isso é um luto não elaborado. Preferimos colocar uma pedra no assunto, negar e ocultar o que nos causa dor ao profundo do nosso inconsciente.

A angústia é o resultado das palavras não ditas e das lágrimas não derramadas. Engolir o choro é um ato de negação, ferida oculta que corrói e nos afoga por dentro.

Como sentimos hoje, os lutos das perdas, traições e decepções da nossa história são a somatória dos elaborados e dos não elaborados.

O EU SOU se aperfeiçoa com a elaboração dos lutos e adoece com a não elaboração e a falta do perdão. Não somos um cemitério para enterrar histórias mal resolvidas em nosso EU SOU.

Essa pedra em cima do assunto que colocamos representa a resistência, a negação que reprime a dor e evita senti-la. Uma dor só pode ser curada quando não é engolida e esquecida, mas lembrada, sentida, falada, chorada e vomitada.

Luto para transformar o luto em luta.

> Como é sabido, o ser humano tem necessidade de contar repetidamente as experiências fortes que vivencia, até elas perderem o seu peso afetivo. Aquilo que enche o coração transborda pela boca. (Carl Gustav Jung)

A RESSURREIÇÃO DE LÁZARO

> Esta enfermidade não é para morte, mas para a Glória de Deus. Senhor, se estiveras aqui, não teria morrido meu irmão. Então, ordenou Jesus: Tirai a pedra. Disse-lhe Marta, irmã do morto: Senhor, já cheira mal, porque já é de quatro dias. Tiraram, então, a pedra. Clamou em alta voz: Lázaro, vem para fora! Saiu aquele que estava morto, tendo os pés e as mãos ligados com ataduras e o rosto envolto num lenço. Então, lhes ordenou Jesus: Desatai-o e deixai-o ir. (João 11:4b, 21b, 39, 41a, 43b, 44)

QUEM É VOCÊ NO ESPELHO?

Essa história é uma das mais conhecidas sobre Jesus. Mais uma vez em que na Bíblia é ordenado que seja aberta a sepultura.

Jesus estava próximo da cidade onde moravam os irmãos Marta, Maria e Lázaro, seus amigos. Ele recebeu o pedido de socorro e não atendeu prontamente. A resposta foi a segurança de que a enfermidade não era para morte, mas para a Glória de Deus.

Ao chegar, encontrou-os enlutados há quatro dias. Marta se dirigiu até Jesus, notório que estava na fase da raiva no luto, tirou satisfação que se ele estivesse presente o irmão não teria morrido.

Após Jesus verbalizar para Marta que Lázaro ressurgiria, ela replicou que ele há de ressurgir na ressurreição, no último dia. Ambos permaneceram num diálogo, quando Marta iniciou a fase de negociação, tentativa de alívio de dor, ressaltando que um dia encontraria seu irmão nos céus. Pode ser conferida a história na íntegra no texto bíblico.

Este processo todos nós passamos quando levamos nossas vivências de luto para Deus. Negociação e barganha, acordos com Deus com o intuito de retomar a vida como era. Isto antes de passar pela fase da depressão e aceitação.

Jesus diante da sepultura pediu para que fosse retirada a pedra. Marta resistiu, tentando impedir e alegando que já cheirava mal. Jesus clamou com sua voz a ressurreição de Lázaro e esse emergiu da morte e saiu.

Ao nos deparar com a sepultura fechada, podemos relembrar do vale de ossos secos. A sepultura aberta e a visão dos ossos é o retrato do estado emocional do EU SOU.

A sepultura fechada de Lázaro é a repressão da alma, trancafiando as histórias não elaboradas. Ao ordenar que se retire a pedra, surge a resistência para se deparar com o interior, na figura de Marta, que é a força que tenta impedir com receio do que encontraria, a vergonha e o medo do mau cheiro.

Esse é o processo de autoconhecimento e abertura de sepultura. Assim como o Espírito Santo veio sobre o vale de ossos secos, ele veio sobre Lázaro e trouxe o fôlego de vida e o seu espírito.

O impossível era a ressurreição, Jesus fez. Ele estava no controle. Retirar a pedra, desatar dos pés e mãos ligados às ataduras e do rosto envolto num lenço, Jesus pediu àqueles que estavam ali.

Deus é a ressurreição, o impossível Ele faz acontecer. Ele ordenou a nós que sejamos esses que contribuem para retirar as pedras das resistências e desatar as ataduras que prendem pés, mãos e rosto. Esse é o processo de autoconhecimento, abertura de sepulturas, ação de Deus e do Espírito Santo e ação dos próximos a ser chamados para ajudadores, ministros de cura e libertação.

Quantos Lázaros sepultados estão pela estrada da vida, quantos soldados feridos, trancafiados no vale de ossos secos de sua alma. É preciso ressurreição, retirar a pedra e enfrentar o medo, deparando-se com o mau cheiro e a vergonha na busca da elaboração dos lutos enterrados das nossas histórias a fim de fortalecer nossa pulsão de vida.

Deus tem o melhor para nós. Ele tem Dupla Honra guardada para aqueles que se submetem ao processo de reconstrução do seu Eu Sou.

Em lugar da vossa vergonha terei dupla honra e em lugar da afronta exultareis na vossa parte; por isso na sua terra possuirão o dobro, e terão perpétua alegria. Porque eu, o Senhor, amo o juízo, odeio o que foi roubado oferecido em holocausto; portanto, firmarei em verdade a sua obra; e farei uma aliança eterna com eles. (Isaías 61: 7 e 8)

CAPÍTULO 9:

PASSOS PARA A RECRIAÇÃO DO EU SOU À LUZ DA BÍBLIA

CAPÍTULO 9:

PASSOS PARA A RECRIAÇÃO DO EU SOU À LUZ DA BÍBLIA

> No princípio criou Deus o céu e a Terra. E a terra era sem forma e vazia; e havia trevas sobre a face do abismo; e o Espírito de Deus se movia sobre a face das águas. E disse Deus: Haja luz; e houve luz. (Gênesis 1:1-3)

Deus criou a Terra. Houve a queda de Lúcifer dos Céus sobre a Terra, o mesmo queria ser igual a Deus e provocou uma rebelião. Junto caiu um terço dos seus anjos seguidores. Eles perderam sua patente de anjos e tornaram-se demônios. A Terra tornou-se sem forma e vazia.

Deus manifestou seu poder transformador sobre a criação e a recriação durante o Gênesis. Deus recriou a Terra com sua poderosa Voz. Dizia haja e tudo se tornou existência. O que Satanás destruiu, Deus recriou e deu ao homem o poder de governo.

QUEM É VOCÊ NO ESPELHO?

Assim é com o Eu Sou do ser humano, onde o Inimigo das nossas almas trouxe destruição da imagem e semelhança de Deus. Ele tem poder pra recriar à sua obra de excelência.

Satanás tenta com todas as suas armas seduzir, assim como fez nos Céus, a fim de destruir a essência de Deus em nós.

Vemos o ciclo do Mal que foi gerado lá na queda dos Céus, depois na árvore do conhecimento do Bem e do Mal e durante toda a história da humanidade, influenciando o Eu Sou do ser humano.

Havendo a inclinação do livre-arbítrio para seguir os passos do plano de salvação, o Espírito Santo manifestará a recriação de Deus.

Houve a multiplicação do mal nos seres humanos, foram destruídos com o dilúvio. Após a conclusão da ordenança de Deus para Noé, eles saíram da arca e avistaram o Arco que ligava a terra aos Céus como símbolo da aliança de Deus com o homem.

Deus decidiu não mais destruir a Terra e apontou a inclinação do homem para o mal. Enviou o Espírito Santo para nos convencer do pecado e manifestar aos corações quebrantados a recriação do Eu Sou, assim como foi feito no Gênesis, no Vale de Ossos Secos e na Ressurreição de Lázaro.

> **E o Senhor sentiu o suave cheiro, e o Senhor disse em seu coração: Não tornarei mais a amaldiçoar a Terra por causa do homem; porque a imaginação do coração do homem é má desde a sua meninice, nem tornarei mais a ferir todo o vivente, como fiz.**
> **(Gênesis 8:21).**

O CÂNTICO DE ANA – A MULHER ESTÉRIL TEVE SETE FILHOS

> No dia em que Elcana oferecia o seu sacrifício, dava ele porções desta a Penina, sua mulher, e a todos os seus filhos e filhas. À Ana, dava porção dupla, porque ele a amava, ainda mesmo que o Senhor a houvesse deixado estéril. A sua rival a provocava excessivamente para irritá-la, porquanto o Senhor lhe havia cerrado a madre. Levantou-se Ana, e, com amargura de alma, orou ao Senhor, e chorou abundantemente. E fez um voto, dizendo: Senhor dos Exércitos, se benignamente atentares para a aflição da tua serva, e de mim te lembrares, e da tua serva te não esqueceres, e lhe deres um filho varão, ao Senhor o darei por todos os dias da sua vida, e sobre a sua cabeça não passará navalha. (I Samuel 1:4 - 6, 10 e 11)

Elcana tinha duas mulheres, Ana e Penina, Ele amava Ana. Penina tinha filhos e filhas, Ana era estéril. Penina sabia que a amada era Ana, para subjugá-la, a provocava e machucava ainda mais sua ferida e dor.

Ana poderia vingar-se de Penina e seus filhos, pois era a amada. Não se deixou levar pelas frustrações da energia agressiva de pulsão de morte, nem pela negação do luto mal elaborado da esterilidade.

Ela decidiu trilhar pelos passos da restauração emocional. A amargura de sua alma, fruto da frustração de não poder ter filhos e das dores provocadas pela sua rival, foram um convite para se quebrantar diante de Deus. Ela fez uma negociação com Deus, a terceira fase do luto, que, se lhe desse um filho varão, o dedicaria o resto de sua vida a Deus, protegê-lo-ia e amá-lo-ia com toda a sua alma.

Depois, entregou-se à quarta fase do luto, a depressão, o enfrentar, sentir, falar e chorar a sua dor. Com orações e choro abundante, mergulhou em sua piscina emocional. Permitiu que Deus fizesse uma limpeza em sua psique e recriasse a essência do Eu Sou.

Quebrantada e íntima a Deus, Ana elaborou a dor do luto. É possível que se Deus não a concebesse um filho ela se manteria em paz de espírito. A amargura não voltaria ao seu coração.

A fertilidade alcançou Ana após o luto e o perdão em seu coração para com Deus por sua esterilidade e pelas provocações de Penina.

A oração tem poder espiritual. Pela nossa fé, alcançamos o impossível em Deus. A oração é terapêutica. Quando nos quebrantamos e derramamos em choro diante de Deus, somos curados.

Temos resistência em entregar-nos em oração, quando sabemos que Deus nos tocará naquela dor reprimida. Não queremos sentir, começamos a fugir e sabotar a oração, e passamos a viver com a mente cauterizada, frieza e amargura.

Fugimos da oração de quebrantamento e construímos uma grande barreira de resistência dentro de nós, uma distância de Deus. A oração tem este poder libertador da nossa alma.

Após sua cura na oração e do nascimento do seu filho Samuel, Ana fez um cântico, destaco a expressão, a mulher estéril teve sete filhos. Do zero, houve sete. Do impossível, a perfeição.

Deus não daria Samuel a Ana enquanto ela estivesse amargurada, pois ela geraria em seu ventre, e durante a sua educação, a reprodução de suas dores. Ele seria um filho amargurado e estéril, emocional e espiritualmente, que não alcançaria o que Deus tinha para a vida dele.

Diante da cura de suas dores e dos sonhos mortos, Ana buscou o impossível, gerou o maior e mais importante profeta da Bíblia. Da esterilidade quebrantada houve o milagre, e a humanidade foi alcançada por essa história até os nossos dias.

Este é o convite para derramarmos nossos corações e nos quebrantarmos em oração diante do poderoso Deus.

O ESPINHO NA CARNE, O ESPINHO NA ALMA

> **E para que não me ensoberbecesse com a grandeza das revelações, foi-me posto um espinho na carne, mensageiro de Satanás, para me esbofetear, a fim de que não me exalte. Por causa disto, três vezes pedi ao Senhor que o afastasse de mim. Então ele me disse: A minha graça te basta, porque o poder se aperfeiçoa na fraqueza. Porque, quando sou fraco, então, é que sou forte. (I Coríntios 12:7,8,9a,10b)**

Muitas são as tentativas em desvendar o que foi esse espinho na carne de Paulo. Não há evidências nas escrituras que revelem. Quaisquer tentativas de conceituações são meras especulações.

Sou favorável ao que disse Martinho Lutero: **O que as escrituras não afirmam com clareza, não devemos afirmar com certeza.**

QUEM É VOCÊ NO ESPELHO?

Interpreto que o espinho na carne é a representação simbólica para todos nós, a fim de que nos identifiquemos com essa história de sofrimento de Paulo e de clamor a Deus não atendido.

Há espinhos na nossa carne em que clamamos para que Deus retire. Quando esse pedido não é atendido, não podemos nos rebelar contra Deus, acusando-o de cruel.

Esse espinho na carne é motivo de nos humilharmos perante a potente mão de Deus e continuar a caminhada. Mesmo que tenhamos esse espinho até o último fôlego de vida, assim como Paulo encerrou declamando.

Quais são os espinhos na carne que temos? É um ciclo que, quando nos deparamos, temermos, somos esbofeteados, sofremos, só resta nos humilhar diante de Deus e reconhecer que a Sua graça nos basta.

O espinho na carne é a área da nossa alma onde temos mais vulnerabilidades, assim como existe a imunidade baixa quando nosso corpo está desprotegido e sujeito aos vírus e bactérias. Há a imunidade afetiva baixa, quando carentes e vulneráveis a sentimentos de desvalor.

A dependência química é uma compulsão de vícios no corpo e na alma, tem uma base de sentimentos e comprometimentos psíquicos. Um ex-dependente precisa de vigilância, é a área onde tem mais vulnerabilidades e fraquezas. Por isso que há os lemas "sóbrio só por hoje", "limpo há tantos dias".

Uma pessoa que teve depressão crônica tem a memória física, emocional e espiritual de tendências e gatilhos que podem ser acionados para voltar a esse estágio. Precisa ficar atenta a qualquer sintoma para se opor aos sinais, utilizando os recursos que aprendeu naturalmente ou que foram ensinados por um profissional.

É a nossa luta de matar um leão por dia.

Quando desejamos ficar trancados no quarto, temos que decidir em levantar, ver o sol e fazer uma caminhada. Quando queremos nos isolar e não ver ninguém, saiamos do isolamento e vamos para a igreja.

A saúde e a felicidade são determinações pessoais. O amor é uma escolha, nós escolhemos amar a Deus, ao próximo e a nós, mesmo diante da frustração. Não vivemos apenas de motivações extrínsecas, precisamos ter motivações intrínsecas até diante da aversão e oposição.

Somos biopsicossociais e espirituais e nossa saúde mental depende do investimento em todas essas áreas. A cura da alma não é como a do corpo que cicatriza e não sente mais. Há históricos em nossas vidas como uma doença crônica, que está ali e pode ameaçar voltar a qualquer momento.

Não podemos afirmar que não existe cura emocional, mas são necessárias constantemente a reorganização das emoções, estruturação de pensamentos e busca dos recursos e alimentos do corpo, alma e espírito.

A exemplo do pecado que praticamos no passado, tudo se fez novo, as coisas velhas ficaram para trás. No entanto, há áreas que, assim como em um dependente químico, têm a memória do registro do prazer. O pecado é uma compulsão viciosa física, emocional e espiritual, ele sempre irá bater na nossa porta e/ou janela, buscando momentos de fraquezas e carências.

É preciso quebrantamento e buscarmos trilhar os passos para a recriação do Eu Sou. Quem não se quebranta, um dia será quebrado. Deus é misericordioso, mas Ele abate o soberbo e dá graça ao humilde.

Há áreas que já foram curadas, cicatrizadas, e lutos elaborados trazem lições de vida e crescimento. Há áreas que ainda requerem elaboração de lutos, constantemente revivemos histórias e dor. Há áreas mais profundas que podem se tornar espinhos na nossa carne.

A cura genuína só teremos lá nos Céus, quando tivermos um corpo incorruptível e onde não haverá mais choro nem lágrimas nem dor.

CORAÇÃO CIRCUNCIDADO E CORAÇÃO ENGANOSO

> Circuncidai-vos ao Senhor, e tirai os prepúcios do vosso coração, ó homens de Judá e habitantes de Jerusalém, para que o meu furor não venha a sair como fogo, e arda de modo que não haja quem o apague, por causa da malícia das vossas obras.
> (Jeremias 4:4)

Na tradição judaica existe a circuncisão, que é feita com os bebês meninos. O corte e retirada do prepúcio existente no órgão genital é popularmente conhecida na nossa cultura como a cirurgia da fimose.

É no oitavo dia de vida, pois somente após esse período o corpo humano tem maior capacidade de coagulação e cicatrização. A circuncisão tem um motivo de assepsia, a eliminação do prepúcio é higiênico.

O número oito significa infinito. O prepúcio simboliza o pecado, o seu corte representa separação e santidade, a marca da aliança eterna com Deus.

Com o passar dos tempos, os profetas chegaram à conclusão de que um bebê não tem consciência da aliança com Deus. A tradição do ritual não significava que o bebê seria fiel a Deus quando adulto.

A circuncisão genuína é feita no coração, a retirada do pecado que nos cega, pois nosso coração é enganoso.

> Enganoso é o coração, mais do que todas as coisas, e desesperadamente corrupto; quem o conhecerá? Eu, o Senhor, esquadrinho o coração, eu provo os pensamentos; e isto para dar a cada um, segundo os seus caminhos e segundo o fruto das suas ações.
> (Jeremias 17:9 e 10)

Nosso coração é enganoso, não temos noção dos nossos sentimentos, pensamentos, emoções e comportamentos. O autoconhecimento é um exercício para nos desvencilhar dos sofismas e enganos que há em nós.

É a imensidão do nosso inconsciente obscuro e enigmático. Não devemos ser conduzidos por instintos e impulsos que almejam desejos insaciáveis sem que provemos as intenções dos nossos corações.

Quando nos conhecemos temos os *insights*, que são as luzes que vêm às nossas trevas e tornam-se clareza sobre nossos sentimentos e escolhas.

Está escrito que na multidão de conselhos habita a sabedoria. Devemos ter pessoas sábias que sejam espelhos de vida e conselheiras para nos proporcionar um reolhar para nós mesmos.

> Sonda-me, ó Deus, e conhece o meu coração, prova-me e conhece os meus pensamentos; vê se há em mim algum caminho mau e guia-me pelo caminho eterno.
> (Salmos 139:23-24)

Deus é onisciente e onipotente. Ele esquadrinha, sonda e conhece as intenções dos nossos corações. O Espírito Santo sabe as coisas de Deus, o nosso espírito sabe as nossas. O Espírito se comunica com nosso espírito para nos dar a Palavra revelada de Deus.

Oremos sempre para que Deus sonde e prove nosso coração e revele os enganos que há em nosso interior, para sermos livres do caminho mau pecaminoso cujo salário e destino é a morte. Sejamos submissos à voz do Espírito de Deus que nos convence do pecado.

CONFISSÃO A DEUS E CONFISSÃO AO PRÓXIMO

> Enquanto calei os meus pecados, envelheceram os meus ossos pelos meus constantes gemidos todo o dia. Porque a tua mão pesava dia e noite sobre mim, e o meu vigor se tornou em sequidão de estio. Confessei-te o meu pecado e a minha iniquidade não mais ocultei. Disse: confessarei ao Senhor as minhas transgressões; e tu perdoaste a iniquidade do meu pecado. (Salmos 32:3-5)

Quando o pecado é oculto e há silêncio em nossos lábios, são atribuídos a nós a iniquidade e o dolo, a intenção de errar e ocultar nossa corrupção.

Quando calamos nossos pecados, os nossos ossos se envelhecem, há a somatização em nosso corpo e morte espiritual. Quando nos calamos, o nosso vigor se torna sequidão de estio, é como uma lavoura escassa de tempos de chuva, uma alma sem as águas do amor.

Vemos nesses versículos a medicina psicossomática. Quando calamos, nosso corpo, alma e espírito adoecem.

Há uma interpretação equivocada de que o peso da mão de Deus é maldição, ela pesava dia e noite na narrativa do texto. Maldição é quando Deus retira suas mãos de correção e proteção. O peso da mão de Deus é para que haja quebrantamento e confissão de pecados.

A partir do momento em que houve a confissão do pecado a Deus e não ocultação da iniquidade, houve o perdão e a liberação das bem-aventuranças dos Céus.

Portanto, confessem os seus pecados uns aos outros e orem uns pelos outros para serem curados. A oração de um justo é poderosa e eficaz. (Tiago 5:16)

É necessário que haja confissão de pecados a Deus. É Ele quem perdoa pelo sangue de Jesus, que pagou alto preço lá na cruz. Quando fugimos de Deus, iniciamos a caminhada de fuga de nós mesmos, escondendo nossa nudez em vestes que ocultam a iniquidade.

Há áreas em nossa alma que além de confissão a Deus é preciso ser confessado, olhos nos olhos, ao nosso próximo, para serem curadas.

Essa confissão e confronto de vergonhas, dores e medos traz libertação e cura à alma. Precisamos confessar e orar uns pelos outros para sermos curados e libertos.

Vejo aqui a representação da ordem de Deus para retirar a pedra da sepultura de Lázaro, desatar as ataduras em seus pés e mãos e lenço que envolvia seu rosto.

Quando confessamos a Deus, somos perdoados, mas há situações e áreas em nossa alma em que continuamos presos à pedra na sepultura, ainda estão nossos pés e mãos atados e nosso rosto envolto com o lenço do luto nos cegando.

Há o perdão espiritual, mas não houve a libertação dos grilhões na alma. A confissão ao próximo traz a liberdade e cura do cárcere interior da nossa alma.

Sou testemunha em minha vida desses princípios espirituais. Confessei meus pecados ao Senhor. Tinha convicção do perdão, mas sentia que algo ainda me prendia, havia legalismo para acusação do Inimigo. Eu precisava vomitar minhas culpas.

Já vi em pessoas que acompanhei, que estavam há décadas na caminhada com Deus e exercendo ministérios, que cresceram espiritualmente, mas havia grilhões e legalismo do passado. Assim levavam em orações e campanhas sem resultados. Havia frustração e decepção com Deus.

Essas mesmas pessoas utilizavam armas espirituais para tentar resolver algo da alma. A partir do momento em que confessaram e vomitaram seus segredos e sentimentos nunca revelados, dores, culpas e vergonhas foram libertas. Houve casos em que tinham sintomas de querer vomitar algo no ato da confissão, mas era o que estava entalado na alma.

A maldição sem causa não encontra pouso, o legalismo para o mal e a verdadeira libertação estão na alma. Não adianta somente expulsar o mal se não houver cura nas rachaduras da alma.

Às vezes a pessoa acredita que orando, jejuando, lendo a Palavra, adorando, buscando o alimento espiritual, a alma será curada. O alimento espiritual nos supre, mas a confissão é fundamental, assim como vimos com Isaías, quando ele confessou a impureza de lábios, há questões em nossas vidas que precisamos confessar ao próximo.

Onde há trevas o Espírito Santo não atua, é legalismo para o Inimigo acusar e dominar em nossas almas. Ao confessarmos, trazemos luz a nossas trevas, quebra-se o legalismo e dá-se abertura para o início da ação do Espírito Santo e a recriação do Eu Sou.

Somos chamados para sermos instrumentos de cura e libertação. Precisamos uns dos outros, não devemos andar só. Temos que nos libertar das impurezas da alma ao confessar nesta relação ajudado e ajudador, discípulo e discipulador.

> **O solitário busca o seu próprio interesse e insurge-se contra a verdadeira sabedoria de Deus. (Provérbios 18:1)**

O rei Davi era considerado um homem segundo o coração de Deus. Ele cometeu grandes pecados, adultério e homicídio. Cobiçou a mulher do próximo, enviou seu marido à guerra para morrer e ficou com ela. Ele teve engano em seu coração diante das concupiscências da carne e iniquidades ocultas em si.

Foi confrontado pelo profeta Natã, caiu ao chão, aos pés do profeta, confessou seu pecado e chorou em arrependimento. Deus o perdoou. Porém, há consequências dos nossos atos e o salário do pecado é a morte.

Davi teve marcas de grandes dores após seus pecados consumados. Deus o perdoou, ele confessou o pecado ao seu próximo e pediu pela purificação e recriação do seu Eu Sou.

> **Pequei contra ti, contra ti somente, e fiz o que é mau perante os teus olhos, de maneira que serás tido por justo no teu falar e puro no teu julgar. Purifica-me com hissopo e ficarei limpo; lava-me e ficarei mais alvo que a neve. Cria em mim, ó Deus,**

QUEM É VOCÊ NO ESPELHO?

> um coração puro e renova em mim um espírito inabalável. Sacrifícios agradáveis a Deus são o espírito quebrantado; coração compungido e contrito, não o desprezarás, ó Deus. (Salmos 51:4,7,10 e 17)

Existe uma interpretação equivocada sobre confiar no próximo. É correto afirmar que é maldito o homem que confia no homem?

> Assim diz o Senhor: Maldito o homem que confia no homem, faz da carne mortal o seu braço forte, afastando-se assim o seu coração de Deus. (Jeremias 17:5)

Isolou-se uma parte do texto e criou-se uma crença errada. Não é maldito confiar. Maldito é confiar ao ponto de fazer da carne mortal seu braço forte e afastar seu coração de Deus. É tornar o outro o seu deus, colocar algo ou alguém no lugar de Deus e o escolher como símbolo de idolatria emocional, esperar desse o que somente Deus pode fazer.

Essa atitude é uma dependência emocional que vem contra tudo o que estamos descrevendo neste livro. Devemos depender única e exclusivamente de Deus, conhecer-nos e conhecer a Deus, amar a Deus como a nós mesmos, para que possamos conhecer, cuidar e amar nosso próximo.

É o principal mandamento: amarás a Deus acima de todas as coisas. Não somente pessoas, como também nossas conquistas, trabalho, ministério, conhecimento. Ou até vingança, pecado, soberba, competição e outros, não podemos amar mais que a Deus.

Nada deve ocupar o lugar de Deus em nosso Eu Sou.

Em nossos relacionamentos devemos amar primeiro e mais a Deus. Não é saudável quando amamos mais alguém ou quando esse nos ama mais a nós do que a Deus.

É benção confiar. A Confiança é a base para o sentido do amor. A confiança e o amor estão interligados e geram a cura. E disse Jesus:

> Quem ama o pai ou a mãe mais do que a mim não é digno de mim; e quem ama o filho ou a filha mais do que a mim não é digno de mim. (Mateus 10:37)

O SEMEADOR DE SONHOS E SEMENTES

> Eis que o semeador saiu a semear. E, ao semear, uma parte caiu à beira do caminho, e vindo os pássaros a comeram. Outra parte caiu em solo rochoso, onde a terra era pouca, e logo nasceu, visto não ser profunda a terra. Saindo, porém, o Sol, a queimou e, porque não tinha raiz, secou-se. Outra caiu entre espinhos, e os espinhos cresceram e sufocaram. Outra, enfim, caiu em boa terra e deu fruto: a cem, a sessenta e a trinta por um. (Mateus 13: 3b-8)

Na sequência do texto, Jesus explica essa parábola como sendo a forma com que as pessoas recebem a Palavra de Deus, que em seus corações não encontra morada e consistência para frutificar.

Farei uma interpretação pessoal que vem ao encontro do nosso tema. As sementes significam sonhos, o semeador é Deus que semeia seus sonhos.

QUEM É VOCÊ NO ESPELHO?

Quando o semeador semeia a terra, a principal preocupação não é com as sementes, é com a terra. É nela onde a semente germinará e encontrará os nutrientes necessários para crescer e frutificar.

Nós, ao buscarmos as sementes de Deus, ficamos tão preocupados em realizar os sonhos e esquecemos que o Semeador está preocupado em como está a terra do nosso coração. Ele quer tratar a terra antes de lançar e germinar a semente.

As sementes são sonhos e a terra é o nosso coração.

As sementes que caíram à beira do caminho, vieram os pássaros e comeram, são aquele coração que não sonha mais. Pode receber uma semente de Deus, uma promessa, mas seu coração está cheio de medo e é roubado pelas circunstâncias e ladrões de sonhos.

Sem sonhos não há propósito de vida.

As sementes que germinaram em solo rochoso, mas que não encontraram terra e secaram com o calor do sol, são um coração endurecido pelo orgulho. Coração autossuficiente que não precisa do outro para confessar pecados e dividir o fardo. Anda só e não depende de Deus. Humildade vem do latim *humus*, aduba a terra do nosso coração.

As sementes que caíram entre os espinhos são o coração cheio de mágoas e raízes de amargura. Um coração que, ao receber uma semente e germinar, é sufocado pelo rancor.

Deus é o semeador, assim como o agricultor. Ele quer arar a terra do nosso coração a fim de que as Suas sementes encontrem um coração com boa terra que germine e frutifique, sonhos frutificados em vida.

Há muito tempo saiu um livro, sua primeira impressão no Brasil foi em 1976. É de um autor americano chamado Bub Mumford com o título *A patrola de Deus*.

A capa dessa obra é uma patrola e no banco do motorista há o desenho de uma pomba, representando o Espírito Santo.

O personagem da história dialogava com Deus querendo ser um homem espiritual que frutificasse para seu Reino, queria ser liberto da escravidão dos grilhões da sua alma. O Senhor Deus atendeu ao seu clamor. Foi quando ele se virou e viu a Patrola de Deus vindo sobre ele.

Deus quer arar a terra do nosso coração, expulsar os pássaros ladrões de sementes, retirar as pedras e espinhos que impedem e sufocam o germinar, enraizar e a frutificação.

Ele quer que sejamos tratados para frutificarmos e vivermos intensamente o seu Eu Sou, seus sonhos em nós.

Quando recebemos uma semente de DEUS, de acordo com a Terra do nosso coração, será destino dessa. Poderemos fazer da semente um pingente e sair pelo caminho expondo ao mundo que temos um sonho, no entanto, ele não germinará.

Ou permitiremos esta semente-sonho se transformar em um arbusto, árvore, plantação ou até em uma grande floresta. Lembrando que para a semente gerar frutos ela precisa morrer.

O destino da semente-sonho está na proporção que permitimos que o semeador-agricultor venha arar a terra do nosso coração.

Serás como a árvore plantada junto a ribeiros de águas, a qual dá o seu fruto na estação própria, e cujas folhas não caem. Tudo o que fizer prosperará.
(Salmos 1:3)

CONSIDERAÇÕES FINAIS

E u já fui um leproso. Não a lepra de Jó que atingiu o seu corpo. Era uma lepra de alma, desde criança meu mundo de pensamentos, sentimentos e emoções era uma batalha travada em conflitos interiores.

Deus me fez nascer fisicamente perfeito, houve situações em minha vida que não há espaço aqui para relatar, mas que causaram sequelas de alma e me acompanharam durante muito tempo.

Eu tinha um sentimento forte de rejeição, ainda é uma área que requer cuidados, é um espinho na carne. Quando estou em vulnerabilidade emocional é notório, hoje tenho recursos para o equilíbrio em meu Eu Sou.

Quando criança, dependendo da minha condição emocional, qualquer situação de constrangimento infantil era o suficiente para um tsunami emocional.

Eu voltava para casa, trancava-me em meu quarto, apagava as luzes, deitava na cama, cobria-me, chorava copiosamente.

QUEM É VOCÊ NO ESPELHO?

Era o desejo de voltar ao ventre, por não poder, surgia a ideação em deixar este mundo.

Só Deus e eu sabíamos a dor que pairava em minha alma, eu não tinha maturidade nem conhecimento para discernir a situação.

Uma experiência com o Espírito Santo me fez compreender esses atos. Fui crescendo, essas crises extinguiram-se, mas a tsunami emocional diante de uma adversidade me acompanhou.

Eu era muito inseguro, tímido, poço de carência, eu sempre pedia a Deus por emoções inabaláveis e amenizar meu sofrimento psíquico. Havia um esquema arquitetado pelo inimigo das nossas almas com o intuito de me neutralizar e impedir que eu trilhasse o Caminho do Pai.

Eu tinha sede de Deus, eu O buscava e Ele me fazia olhar para dentro de mim, eu me sentia indigno e tinha muitos complexos, desde vergonha de partes do meu corpo como sentimentos de desvalor e desamparo.

Era conhecido como um jovem bonito, inteligente e ungido por Deus, mas tinha um vazio muito grande. As pessoas não imaginavam as guerras dentro de mim e as externas contra as ostes espirituais.

Desde adolescente eu já conhecia o ministério de cura interior, eu tinha inclinação por esse conhecimento. Naquela época não existia internet, somente livros ou encontros em cidades distantes da minha.

Esse era meu caminho. Eu poderia me conduzir à promiscuidade sexual, ao ocultismo ou à perturbação por transtornos psíquicos. Eu teria um desses destinos ou todos entrelaçados em um poço de escuridão.

É possível que o fôlego da vida não estivesse mais em mim.

Eu não me sentia capaz de ser ou ter o que hoje é real, estar vivo, saúde mental, casado, pai, estabilidade financeira, respeito profissional e ministerial.

Eu conheci as estratégias que o inimigo utiliza para destruir uma alma, mesmo nascido em um lar evangélico, eu vivenciei o agir que Deus concebe para aninhar e recriar o nosso Eu Sou.

Viajava a cidades distantes em busca de cura e conhecimento. Defendia o investimento na saúde física, emocional e espiritual, almejava levar esse bálsamo aos feridos de coração.

Eu queria ser um médico de almas.

Eu recomendo a terapia, tendo um profissional proficiente. Assim como precisamos de médicos para o corpo, os profissionais de saúde mental nos oportunizam essa busca pelo Quem Eu Sou no Espelho.

O processo terapêutico foi de fundamental importância em diversos momentos da minha vida. A terapia nos reconcilia conosco mesmo, leva-nos a enxergar o mundo com nosso olhar e elaborar muitos equívocos e lutos em nossa história.

Deus é Pai que ama e corrige seus filhos. Quando colocamos nossas vidas ao Seu controle, Ele nos conduz, mesmo que não consigamos entender, por situações necessárias para que as raízes do mal em nossa alma sejam arrancadas.

Quando passamos por uma situação desconfortável, a exemplo de uma injustiça, a gente sente as emoções referentes à situação. Atrelados ao fato, é possível surgirem gatilhos que afloram outras queixas e dores adormecidas de situações semelhantes já vividas há tempos.

Nesse momento não sentimos apenas a situação atual, é uma somatória de fatos anteriores pelos quais ainda existem dores não sentidas. É possível que a intensidade do sentimento aflorado seja maior do que a atual.

QUEM É VOCÊ NO ESPELHO?

Deus permite passarmos por provações para que nossas feridas ocultas sejam afloradas. Ele é o semeador-agricultor e quer arar a terra do nosso Eu Sou.

Eu passei por situações muito dolorosas que me fizeram reviver dores adormecidas de raízes de rejeição. Eu questionava Deus do porquê de permitir-me passar por aqueles momentos tão injustos.

Assim como arrancamos uma planta e suas raízes, que saem com torrões de terra, eu sentia sendo arrancado do meu coração as raízes de rejeição e parecia que saia junto pedaços da minha própria carne.

A dor precisa ser sentida para ser curada. Deus oportunizou-me passar por situações de rejeição muito intensas para reviver histórias mal resolvidas.

Ele estava arrancando as raízes de rejeição, era a cura interior e o trazer de Sua Imagem e Semelhança ao meu Eu Sou. Eu poderia fugir do recriar e do passar pela dor, mas eu optei pelo quebrantamento e me derramei diante de Deus.

Eu digo que Deus esteve no controle por tudo o que passei.

Eu olho pra trás e vejo que aquelas batalhas foram necessárias para eu me tornar melhor, para que a essência do mal gerada pelas feridas pudesse ser consumida e levasse ao meu Eu Sou o sentido de pertencimento e ser amado por Deus.

Sempre quando passei por esses momentos, eu tinha este texto bíblico que fortalecia minha fé.

Cuidareis de cumprir todos os mandamentos que hoje vos ordeno, para que vivais, e vos multipliqueis, e entreis, e possuais a terra que o Senhor prometeu

> sob juramento a vossos pais. Recordar-te-ás de todo caminho pelo qual o Senhor, teu Deus, te guiou no deserto estes quarenta anos, para te humilhar, para te provar, para saber o que estava no teu coração, se guardarias ou não os seus mandamentos. Ele te humilhou, e te deixou ter fome, e te sustentou com o maná, que tu não conhecias, nem teus pais o conheciam, para te dar a entender que não só de pão viverá o homem, mas de tudo o que procede da boca do Senhor viverá o homem. (Deuteronômio 8:1-3)

O povo de Israel era escravo no Egito, Deus escolheu Moisés para sob Sua direção ser liberto e conduzi-lo no deserto e conquistar a Terra Prometida. Esse texto refere-se ao passar pelo deserto e depender de Deus.

No deserto são momentos em que Deus permite sermos purificados e recriados em nosso Eu Sou à Sua Imagem e Semelhança.

É o processo de depender do maná, passando pela prova e ser quebrantado, adentrando na Terra Prometida, onde mana leite e mel. Deus tem o melhor para nós, não foram todos que entraram na terra, muitos morreram no deserto, pois tinham o seu coração endurecido.

Deus nos permite passar pelo deserto para sermos honrados no conforto da promessa cumprida para que continuemos no centro de Sua Vontade e íntimos a Ele. Ele manifesta seu poder diante da humilhação, dá graça ao humilde, mas abate o soberbo.

Passar pelo deserto é uma dor imensa, mas os resultados são ganhos eternos, é o que levaremos quando deixarmos este mundo. A sepultura é aberta e, assim, devemos nos quebrantar e nos render aos pés da cruz.

QUEM É VOCÊ NO ESPELHO?

Já tentei fugir do meu chamado e pedi para Deus desistir de mim e procurar uma pessoa sem tantos problemas de alma. Eu tinha pulsão de morte muito forte, ideação suicida em pensamentos e planejamentos, nunca tentei contra minha vida, eu investia muita energia psíquica para fortalecer a minha pulsão de vida.

Deus com sua Graça e Paz brotava em mim o Amor por Ele e pelas suas ovelhas.

Hoje sou um professor de natação que aprendeu a nadar e salvar. Acredito no ser humano, amo trabalhar com vidas e levar o bálsamo aos sofrimentos psíquicos e espirituais.

Este livro é minha autobiografia, cada história e reflexão é a transcrição do meu caminhar, amadurecer e viver. Passei por cada tema aqui exposto.

Só pode falar de dor quem já passou pela dor.

No início da minha caminhada tive pessoas especiais que investiram em mim, modelos de vida e atuação, sou muitíssimo grato.

Depois, tive uma longa trajetória solitária. Eu tinha convicção do que foi semeado no meu coração, mas não tinha mais pessoas referências na área de cura emocional que pudessem trazer acolhimento e orientações.

Aprendi a depender unicamente de Deus. Eu buscava reforçar minhas motivações intrínsecas Nele, diante da inexistência de motivações extrínsecas.

Não podemos permitir que o desânimo possa nos neutralizar, que as críticas destrutivas tenham mais forças que os resultados que deixamos na nossa trajetória. Não devemos absorver o que nos desaprova, mas, sim, somente o que nos faz alçar voo.

Eu aprendi a perseverar quando não tinha mais esperança e convicção para continuar a crer, caminhar e viver. Eu aprendi que a árvore não é dona dos frutos, para alimentar os que a cercam.

E as árvores que mais dão frutos são as mais apedrejadas, e essas precisam se prostrar em humildade e ofertar o seu melhor ao próximo, até mesmo àqueles que a apedrejaram.

Isso é essência do Eu Sou!!!

As igrejas são hospitais de alma, creio no Poder transformador de Deus, sou testemunho vivo, mas além do espiritual não devemos negligenciar a alma. Diante de casos de sofrimento psíquico e até suicídio, estatísticas que não existiam, inclusive com líderes espirituais, eu tenho convicção da responsabilidade deste ministério.

Assim como o ministério de louvor precisa estudar música para cantar e tocar bem, o infantil conhecimento da pedagogia, a psicologia tem muito a contribuir no apoio e acompanhamento de vidas.

O discernimento do que é físico, emocional e espiritual é fundamental para a nossa saúde integral.

Via pessoas enfraquecidas na fé, sofrendo com as dores que eu passei, precisando da libertação de grilhões emocionais, não eram somente com as armas espirituais que superariam. Eu almejava levar este saber a todos, mas não imaginava a resistência que encontraria.

Há uma história muito conhecida, uma mulher que olhava pela sua janela os lençóis estendidos no varal da vizinha; ela ficava indignada, pois os lençóis sempre estavam sujos. Ela dizia que um dia iria ensinar aquela mulher a lavar roupas.

Todos os dias os lençóis estavam sujos. Certo dia, ela acordou, sentou-se em sua cadeira e olhou o quintal da vizinha. Para sua surpresa, os lençóis estavam brancos como as nuvens.

QUEM É VOCÊ NO ESPELHO?

Ela começou a questionar o que havia acontecido, alguém disse que tinha limpado as vidraças da sua janela. O que estava sujo não eram os lençóis, era a janela.

**Quem olha para fora sonha,
quem olha para dentro desperta. (Carl Jung)**

A forma como olhamos o mundo é de acordo como nos vemos, a janela da nossa alma são as lentes em nossos olhos. Vidraças sujas é falta de se conhecer, as limpas é o reflexo do autoconhecimento.

Freud, aos quarenta anos, após seu pai falecer, iniciou sua autoanálise, todas as técnicas que aplicava nos pacientes passou a aplicar em si. Após atender seus pacientes, ele deitava no divã e iniciava seu processo terapêutico. Foram quatro anos, é nesse período que praticamente surgiu a psicanálise e as mais significativas teorias.

No primeiro ano, Freud descreveu como se estivesse chafurdando um monte de estrume. Freud, mesmo sendo um pesquisador cientista e pai da psicanálise, também teve um processo ansiogênico.

Ao nos conhecermos e nos despertarmos, fazemos uma limpeza interior, enfrentamos dores, passamos a olhar com lentes limpas, tudo muda se nós mudamos.

Nossas perspectivas tornam-se resilientes, perseveramos e não focamos no que nos limita. O autoconhecimento é uma decisão e tem início, mas não tem fim, é contínuo. Enquanto estivermos vivos, teremos que tomar banho e cuidar do corpo, assim como o banho emocional diário no cuidado com a alma.

Nós não crescemos somente com a pulsão de morte, com dores e angústias, também crescemos com as lições da pulsão de vida, com o prazer e o gozo das coisas simples e boas.

É muito bom viver!!!

É comum termos a concepção de uma área boa e outra ruim em nossa alma, as quais podemos chamar de Eu Bom e Eu Ruim. O Eu Bom para as partes em que não temos problemas, o nosso lado saudável, "santo" e talentoso. O Eu Ruim para as que revelam nossas falhas, brechas e dores, o nosso lado "pecaminoso".

Nós nos preocupamos com o Eu Ruim, focamos nossa necessidade de nos conhecer e confessar o que está oculto. O Eu Bom não precisa de quebrantamento, somos "perfeitos", é justamente nesse ponto que está o engano do orgulho e da autossuficiência.

É possível que esse Eu Bom não dependa de Deus, ande com suas próprias pernas. É como se nós tivéssemos quebrantado somente uma parte. Devemos colocar em prática o conhecimento do nosso Eu Sou como um todo. Quem Eu Sou no Espelho por completo, não somente uma parte.

> **A vida que me deste não é mais longa que alguns palmos, e diante de ti toda a minha existência não passa de um momento; na verdade, o ser humano não passa de um sopro. Vós não sabeis o que sucederá amanhã. Que é a vossa vida? Sois, apenas, como neblina que aparece por instante e logo se dissipa.**
> **(Salmos 39:5, Tiago 4:14)**

A nossa vida na terra é passageira. O Eu Tenho passa num piscar de olhos diante da eternidade. Precisamos focar nas coisas eternas e não somente nas terrenas, é prioridade para recriar o nosso Eu Sou, é esse que levaremos e deixaremos o legado nos corações das pessoas.

Não sabemos o dia de amanhã. Quando resistimos a nós mesmos, construímos uma distância e barreira com nosso Eu Sou e com Deus. É no íntimo do Eu Sou que está nossa maior construção e nosso encontro pessoal.

É no nosso Eu Sou que se constrói a aliança de intimidade com nossa alma, nosso espírito e nosso Deus Pai. É no encontro do nosso Eu Sou com o Eu Sou de Deus que se tem o discernimento do nosso chamado e missão, e a certeza da eternidade.

Para onde você irá quando deixar este mundo? O seu Eu Sou é eterno, o que levará para a eternidade?

Jesus é nosso exemplo genuíno de Quem Eu Sou no Espelho, Ele viveu seu Eu Sou por completo sendo o Eu Sou de Deus. Ele é o Caminho, a Verdade e a Vida, ninguém vai ao Deus Pai senão por Ele.

Ele foi a maior prova de esvaziar-se, renunciar e se humilhar, deixar sua Glória e Poder nos Céus, levar sobre si as nossas dores, maldições e pecados.

Deus amou a humanidade de maneira inexplicável, que concebeu Jesus Cristo, seu único filho, para que todo aquele que Nele crê não pereça, mas tenha a vida eterna.

Nosso Eu Sou alcança a vida eterna por meio do plano de salvação por Jesus Cristo, o Cordeiro de Deus.

Não tente preencher seu vazio com as paixões e as concupiscências da carne, o destino é morte e poço emocional, destruição do nosso Eu Sou. Salve sua Alma, Salve seu Eu Sou.

O Vazio e o Nada do nosso Eu Sou só pode ser preenchido por Deus.

Viemos de Deus sem Nada, voltaremos a Deus sem Nada e quando estamos diante do Nada, estamos mais perto de Deus e mais perto de nós mesmos.

O que eu almejo é que a caminhada deste livro faça diferença em sua vida, e que você possa vivenciar o maior e o melhor de si mesmo, o maior e o melhor do seu próximo, o maior e o melhor de Deus.

Um dia nos veremos face a face com o nosso Deus Eu Sou, que desde já possamos permitir que Ele venha recriar o nosso Eu Sou.

Inicie uma nova jornada e viva intensamente Quem Eu Sou no Espelho.

> Porque agora vemos por ESPELHO em enigma, mas então veremos face a face; agora conheço em parte, mas então conhecerei como também EU SOU conhecido.
> (I Coríntios 13:12)

REFERÊNCIAS

BECK, Judith S. *Terapia cognitivo-comportamental: teoria e prática*. 2.ed. Porto Alegre: Artmed, 2013.
FEIST, Jess, FEIST, Gregory J., ROBERTS, Tomi-Ann. *Teorias da personalidade*. Porto Alegre: Artmed, 2015.
LAPLANCHE, Jean e PONTALIS, Jean-Bertrand. *Vocabulário da psicanálise*. São Paulo: Martins Fontes, 2000.
MASLOW, Abraham H. *Introdução à psicologia do ser*. Rio de Janeiro: Editora Eldorado, 1963.
MCDOWELL, Josh. *Construindo uma nova imagem pessoal*. São Paulo: Editora Candeia, 1984.
MINISTÉRIO DA SAÚDE. *Prevenção do suicídio: manual dirigido a profissionais das equipes de saúde mental*. São Paulo: Universidade Estadual de Campinas, 2006.
MUMFORD, Bob. *A Patrola de Deus*. Tradução: Christopher Walker. 3. reimpressão. Flórida, 1987.
POPPER, Karl Raimund. *Autobiografia intelectual*. Tradução: Leônidas Hegenberg e Octanny Silveira da Mota. São Paulo: Cultrix, 1978.
SBB. *Bíblia Sagrada*. Tradução: João Ferreira de Almeida. Barueri: Sociedade Bíblica do Brasil, 2008.

Contato com o autor:

Instagram: @eliasvieira33
Facebook: @quemevocenoespelho